クイズ主権者教育 ウッソー？ホント！楽しい教材71

河原和之 著

学芸みらい社
GAKUGEI MIRAISHA

はじめに

1　ジグソー学習？　いいえ！　ジグソーパズルです！

「ジグソーパズル」をご存知だろう。今はやりの「ジグソー学習」の語源になったものだ。1枚の絵をいくつかのピース（小片）に分け、ばらばらにしたものを再び組み立てるパズルのことである。最初の1ピースからしばらくは、比較的安易で組み立てやすいが、後半からかなり難しくなる。そして最後の一片を入れた途端に、一気にその絵がクリアーになる。2016年11月9日（日本時間）アメリカトランプ大統領誕生の日が、最後の一片であり、その瞬間、世界の全体像が見えたのではないだろうか？　ISとの戦争、シリア難民、アフリカの内戦、イギリスのEU離脱、日本のヘイトスピーチなど、一つ一つのピースには気づかなかった世界の大きなうねりが、トランプアメリカ大統領誕生で一気に明白になった。それでは何が明白になったのだろうか。

2　ベルリンの壁崩壊からメキシコ国境の壁へ

このコピーは筆者の造語である。“トランプ現象”を世界史の流れの中に位置づけたものである。このキャッチコピーから授業をつくる。

『このキャッチコピーは先生がつくったものです。今年の流行語大賞をねらっています。（笑）さて、この意味は？』

「メキシコとの壁だからトランプ」

「トランプのおじいさんがベルリンの壁を壊した」

「トランプのおじいさんはドイツ人だったね」

『ベルリンの壁って何だったかな？』「東西ドイツの壁」「冷戦の象徴」

『冷戦の崩壊は何年？』「1989年」

『1991年にはソ連も崩壊した』「平和になったんだ」

『ある意味ではそうとも言えますが、その後も別の形で戦争が続きます。例えば？』「テロとの戦い」「イラク戦争」「アフリカの内戦」

『メキシコとの壁は？』「移民をアメリカから排撃する壁」「民族の壁」

『同じ壁でも目的はちがうってことだね。そんなことから考えてこの素晴らしい（笑）キャッチコピーの意味は？』

「せっかくベルリンの壁が崩壊し、冷戦時代が終わったのに、新たな対立の時代がやってきた」『どんな対立かな？』「アメリカ人と移民」

「イスラム教対キリスト教」「他民族」「豊かな人と貧しい人」

「EU でもいろいろ事件があった」「イギリスの EU 離脱もそうだ」

『ベルリンの壁は、東西対立による壁だね。冷戦が崩壊し、その壁がなくなった。その後は冷戦後と言われる時代が続いた。そして、冷戦後、つまり“ポスト冷戦後”がトランプ大統領の誕生で明らかになったってことかな？この“ポスト冷戦後”をつくるのは君たちだよ』

このように時代を読み取る思考力・判断力を培い、時代を洞察する力を養うことが主権者教育だ。

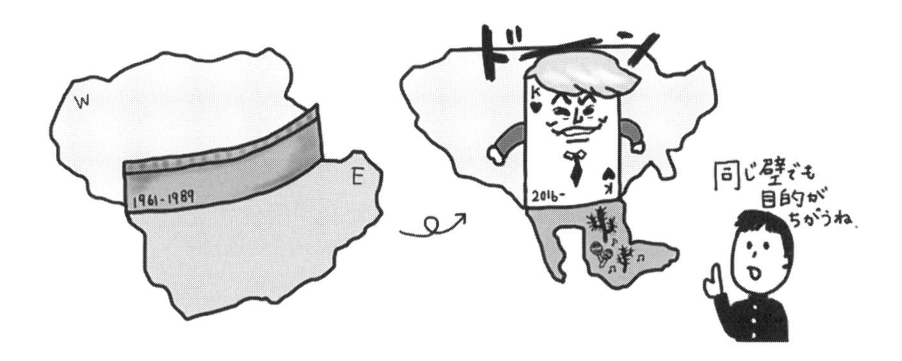

3　主権者教育って？

“みえるもの”から“みえないもの”を見抜くことが、社会科教育、主権者教育のねらいである。一つ一つのピースをはめ込んでいくとき、一人ではなくグループで、「これって何かな？」ってワイワイ言いながら組み立てるのが協働の学びであり、組み立てながら、“みえないもの”を探究する力を培うことが主権者教育のねらいである。そのためには、不可欠なのが民主的“感覚”“感性”であり、言葉を変えれば“人間性”である。この“感性”や“見方・考え方”を育てることも主権者教育だ。「習得知識」「活用力」「探究力」は、ジグソーパズルでは、どんな絵になるのだろうかと予測する力である。主権者教育では、世界でおこるさまざまな事象から世界の現状と、その先を見抜く力が必要である。

「主権者教育」とは、すべての生徒の民主的感性を育てるとともに、習得した知識や考え方を活用し、世の中の事象と深く関わり、問題を発見・解決し、自己の考えを形成し、企画・発信していく教育である。つまり豊かな“感性”を培い、“知る”ことから“考え”そして“創る”教育である。

4　主権者教育とユニバーサルデザイン

“トランプ現象”は小学生もふくめ世界のほぼすべての人が周知する言葉になった。これに対するトランプの「功績」は大きい。政治・経済・国際社会について、何ら興味を示さない人をふくめ、すべての人が、アメリカ大統領選に興味・関心を示した。テレビニュースは見ない、新聞は購読すらしていない、情報はスマホだけで、それも芸能かスポーツだけという人を巻き込んだトランプは「偉大」だ。「主権者教育」は、選挙に対して「そんなのじゃまくさい」「せっかくの休みだし」「一票なんて何の意味もない」「選挙に行っても何も変わらないって」って思っている生徒に対して、また、「あのポスターの人、イケメン！」「なんとなく感じ悪い！」「彼が○○さんに投票するから私も……」と根拠なく投票する生徒に対してこそ必要な教育である。テレビや新聞をはじめマスコミでは「主権者教育」が叫ばれ、学校では“模擬投票”をはじめ、さまざまな「主権者教育」が行われている。しかし、「今日は選挙だっけ？」「選挙！　ダルイ！　ウザい！」って言う若者は置き去りにされている。なぜなら、マスコミや書籍が取り上げる授業をみるかぎり、「“選挙”、う〜ん！　ちょっとダルイけど行くか！」とならないからである。

本書は、「クイズで主権者教育」という挑戦的な提案である。それは、以上のような生徒にこそ主権者教育が必要であり仮に選挙における投票率アップに限定したとしても、“政治的無関心層”へのアプローチが不可欠と考えている。“Away”におかれている、いわゆる“できない子”を主人公にした授業づくりから、“すべての生徒がわかる”“一人もおちこぼれがない”“ユニバーサルデザイン”による「主権者教育」が問われている。

本書では、困難な「課題」を「主体的」「対話的」な協働の学びにより、どう「解決」し「克服」していくかを考える授業事例を紹介した。また、いわゆる「できない生徒」が活躍できる場面を多く設定し、「できる生徒」と同じ土俵で取り組める授業構成を意識した。

学習指導要領に“人間性の涵養”という言葉が登場した。私は、公正で持続可能な社会づくりに積極的に関わる人間性の涵養と考えたい。このような人・社会・地球の今と未来の幸せを創る“人間性の涵養”が主権者教育であろう。

本書の執筆にあたっては、学芸みらい社の樋口雅子氏に多くの助言や叱咤激励をいただいた。最初にお会いした田町駅前の喫茶店が印象に残っている。また、山本松澤友里さんにはイラストでお世話になった。この場を借りてお礼を申し上げたい

本書が多くの先生方の授業づくりの糧になり、すべての子どもの目が輝く授業が広がることを願ってやまない。

2017年3月

河原　和之

目　次

Ⅲ　【経済と消費者】
「消費者目線で経済」考えるきっかけクイズ

Ⅳ　【AI 社会】
「AI が主役？社会」考えるきっかけクイズ

【エネルギーと環境】
「もしも○○がなかったら」考えるきっかけクイズ

§1 Ⅰ　選挙について考えるクイズ

第一回衆議院選挙有権者の数

〈関連して扱える教科書単元「帝国議会」〉

（平均的な必要時間20分）

考えるきっかけ―クイズ

1890年に行われた第一回衆議院選挙の有権者は、直接国税15円以上納める25歳以上の男性であった。国民の何%だったか？

1.1%　2.1%　3.1%　4.1%

〔答え〕1.1%

●そこが知りたい—1890年第一回衆議院選挙

・不平等選挙―1.1%の裕福な地主や都市に住む人々に限定されていた。

・記名投票―投票用紙に自分の名前と住所を書かなければならないので、誰がどんな人に投票したかわかる。

●アクティブ・ラーニング授業—1.1%とはけしからんか？

【ロールプレー】 3人組になり、「政府」と「男性」「女性」の立場になり、「直接国税15円以上、25歳以上の男子にのみ選挙権」の是非を話し合おう。

「政府」―まあ最初は、様子をみるということでお金持ちからということで。

「男性」―貧しい人の声こそ聞かなくては。

「女性」―私たちは誰一人として権利がありません。

「政府」―あなたたちの意見は投票権のある地主に言ってください。

「男性」―直接に意思を示すほうが有効では。

「政府」―まだまだ日本は出発したばかりで、いろんな人の意見を聞いていると混乱してしまう。
「女性」―独裁的な政治をするってことですか……。
「政府」―西洋に追いつくためにはしかたないでしょう。
「男性」―私たちも西洋に追いつかなくてはいけないって思っていますが。
「政府」―あなたたちは、あまり西洋の事情に詳しくないし字も読めない。
「女性」―字が読めないのは、国のせいでは。
「政府」―学制をつくったのに学校へ来ないのは女性でしょう。
「女性」―子守や家事など手伝いが忙しい。
「政府」―私たちもみなさんの生活が豊かになり、学校に行き、新聞も読むようになったころには、すべての人に選挙権を認めます。

●授業のポイント

「選挙権のある人は1.1％って！　許せない」というのが初発の感想である。しかし、議論を経て、それなりに根拠のある数字であることがわかり、認識が揺れる。この“揺れ”が大切である。その後の普選運動の意義も重要だが、識字率のアップ、新聞や雑誌の普及、社会進出により選挙権が拡大してきたことを確認する。15円が今のお金の価値からするとどれくらいか調べさせてもいい。

§2 Ⅰ　選挙について考えるクイズ

女性参政権運動の資金捻出方法とは？

〈関連して扱える教科書単元「大正デモクラシー」〉

（平均的な必要時間20分）

考えるきっかけークイズ

女性の地位が低い男尊女卑の時代に、二所山田神社（山口県）の宮司宮本さんは、神道には本来女性をけがれとみなす思想はなかったことから、女性神主を登用し、女性選挙権をいち早く訴えた。

そして、女性の自立を主張し、その一環として、明治39年に機関紙を発刊した。それには資金源が必要である。そのために販売したものは何か。

A　お守り　　B　おみくじ　　C　神社の森の木々

〔答え〕B　おみくじ

●そこが知りたい―解説

JR 山陽線周南駅から車で北へ約40分のところに会社がある。もとは、神社だった。全国の神社仏閣のおみくじの大半はここでつくられている。作業はすべて手作業で、近隣の農村の主婦たちが手折りで丁寧に仕上げていく。繁忙期には60人から100人の人が交代で作業し、ベテランになると１日に5,000～6,000枚のおみくじをつくる。会社名が“女子道社”というのがいい。

●アクティブ・ラーニング授業

おそらく一度くらいは購入したことがある“おみくじ”が女性参政権運動とかかわりがあったことを知れば、初詣に行ったおりに、ちょっと“うんちく”も言いたくなる……のでは？？？　授業では、“おみくじ”を持参し臨みたい。

【考えよう】このモノは、女性参政権と関係している。さてこのモノは何か？

「……………」『神社で販売しています』「おみくじ」

『そうです！　おみくじの90％を販売している会社を○○道社といいます。○○にあてはまる漢字を答えなさい』「選挙」「投票」「参政」など。

『答えは「女子」です』

『この会社は、もとは神社で、大正時代に女性参政権を獲得する運動をするために資金源としておみくじを販売しました。そのことから、今でも全国のおみくじの約90％をこの会社でつくっています』

●授業のポイント

“おみくじ”というモノが女性の参政権獲得運動とつながっているのが面白い。このような意外性が学習意欲を喚起する。また“おみくじ”を購入したときに“うんちく”も言いたくなる教材である。

§3 Ⅰ　選挙について考えるクイズ

日本最初の普通選挙

〈関連して扱える教科書単元「大正デモクラシー」〉

（平均的な必要時間30分）

考えるきっかけ―クイズ

普通選挙制後初の選挙である1926年浜松市市議会議員選挙の投票率は何%だったか？　次の数字から選びなさい。

99%　　90%　　85%　　80%

〔答え〕89.9%（90%）

●そこが知りたい―解説

『静岡民友新聞』（1926年9月3日付夕刊）には、日本で最初の普通選挙による、浜松市議会議員選挙の写真やその様子が紹介されている。男性ばかりの長蛇の列だ（女性はいない)。記事の見出しには「**朝来の大雷雨衝いて続々両投票場へ詰めかけ　浜松市内　大雑踏**」と書かれている。また、1928年2月20日、最初の普通選挙による衆議院総選挙の見出しには、「**普選が生んだ美談**」という副題で、「**厳寒の海を泳いで投票**」に行く高知の漁民50名をたたえる記事も掲載された。授業では、「大雑踏」や「美談」の内容を考えさせてもいい。「普選」といいながら女性は普通の人間にも入れてもらえなかった。

●アクティブ・ラーニング授業

普通選挙が、なぜ1925年に実現したのか当時の世界と社会そして文化状況から考えていく。さまざまな要因を考え整理することが重要なのでKJ法が有効である。

①　男子普通選挙が実現できた理由をポストイットに自由に書く

「みんな字が書けるようになったから」「政治に興味をもつようになった」

「生活に余裕が出てきて意見が言えるようになった」
「ラジオでいろいろ政治の動きを知ることができる」
「護憲運動が広がった」「外国も普通選挙をするようになった」
「豊かな国になって納税額を制限する意味がなくなった」
「平等の考えがひろまった」「みんなが学校へ行って勉強するようになった」
「治安維持法をつくるため」「総理大臣がえらかった」
「新聞を読むようになった」「認めないと外国にかっこ悪いから」

② それぞれの要因（ポストイット）を、なんらかの基準のもとに分類し、表札をつける

・外国の動き―他の国が実施している　実施しないとかっこ悪い。
・国内の要求―護憲運動、尾崎行雄のがんばり、多くの人々の要求。
・教育―字が書けるようになった、新聞を読めるようになった。
・文化―ラジオ放送でニュースが聞ける。
・考え―平等の考えが広がる。

③ プレゼンする

「普通選挙が実現したのは、なんといっても国内における要求です。これがあって政府も動きました。でもいくら運動したからといって、投票する人々の意識が低ければ、実現できません。当時の人々は字も書くことができるし、新聞も読んでいました。しかもラジオも各家庭にありニュースも聞いていましたから政治のこともわかります。このような状況の上に、外国に対する体面もありました。日本は、５大国の一員でしたから、これを認めないことには恥ずかしいということもあったと思います」

●授業のポイント

普通選挙の実現＝普選運動という短絡的な考えを揺さぶる。大衆社会の出現が普選を生んだという視点が大切である。

§4 Ⅰ　選挙について考えるクイズ

最初の女性参政権が認められた国

〈関連して扱える教科書単元「第一次世界大戦前の世界」〉

（平均的な必要時間30分）

考えるきっかけ―クイズ

最初に女性の参政権が認められたのはどこの国だろう？　次の国々から選びなさい。

アメリカ合衆国　イギリス　フランス　ドイツ

オランダ　ニュージーランド　オーストラリア

〔答え〕ニュージーランド（1893年）

●そこが知りたい―解説

女性参政権運動は、18世紀ころにフランスからスタートし、19世紀に本格化する。イギリス出身のケイト・シェパード（1847-1934）は、移住したニュージーランドで、運動を展開し、1893年に世界初の女性参政権がニュージーランドで認められた。その功績が讃えられニュージーランドの10ドル札はケイト・シェパードの肖像画になっている。

●アクティブ・ラーニング授業

【考えよう】ニュージーランドで最初に女性の参政権が認められたのはなぜか？　その理由を考えよう。

「紙幣の肖像の人ががんばったから」
『でも、他の国でもがんばって運動しているのに実現していないよね』
「イギリスがバックにいるから」「でも、イギリスでは認められていない」
『世界で２番目に認められたのはオーストラリアだよ』
「へっ！　それは知らなかった」
『ニュージーランドとオーストラリアに共通していることは？』
「南半球」「羊」「乾燥」「人口が少ない」
『人口がキーワードかな』
「人口が少ない？」「少ないから選挙が盛り上がらない」
『人口が少ないから男性だけでは、世論が政治に反映されないことも一つの要因だね。それとケイト・シェパードさんらの運動も関係している』
「意外と単純な理由なんだ」
『それでは、ちょっと複雑な話。オーストラリアでは、1902年に女性の選挙権が認められたが、すべての女性に選挙権が認められたのは1962年だ。どういうことだろうか？』「……………」「すべて……」
『オーストラリアでは先住民族であるアボリジニーをはじめ有色人種の選挙権を認めたのが1962年だった』

●授業のポイント

その後、ニュージーランドでは過去に女性首相が２人誕生しており、その背景としても学習させたい。

§5 Ⅰ 選挙について考えるクイズ

女性の選挙権

〈関連して扱える教科書単元「第一次世界大戦後の世界」〉

（平均的な必要時間30分）

考えるきっかけークイズ

次の国々で、女性の参政権が早く認められた順に並べなさい。

１位 ニュージーランド　２位 オーストラリア

アメリカ合衆国　日本　イギリス　インド

中央アフリカ　ブラジル　サウジアラビア

〔答え〕イギリス（1918）、ブラジル（1934）、日本（1946）、インド（1950）、アメリカ合衆国（1960）、中央アフリカ（1986）、サウジアラビア（2015）

●そこが知りたい―解説

・イギリス（1918）をはじめドイツ、オランダなどヨーロッパ諸国は、第一次世界大戦後に女性選挙権を認めている。これは、大戦による男性人口の減少、軍需産業への女性の社会進出、大戦後の民主主義の進展、そして、1917年にロシア革命が起こり、女性選挙権を認められた、その対抗として認めたことがその要因である。

・日本（1946）―憲法をはじめとする民主化の進展が要因（憲法を草案したゴードン氏の意見も大きい）。アジアではモンゴルが1924年と早い。

・インド（1950）―イギリスから独立後、認められた。

・アメリカ合衆国（1960）―1920年に女性の選挙権が認められたが、黒人をふくめると1960年になる

・中央アフリカ（1986）―アフリカ諸国は「アフリカの年」といわれた1960年以降が多い。

・サウジアラビア（2015）—女性に選挙権がないのは、イスラム教を信仰するクウェートなどのアラブ諸国に多い。しかし、1998年カタール、2003年オマーンが認められた。

●アクティブ・ラーニング授業—女性選挙権から国の特色と世界情勢が見える

“女性選挙権”が認められた（勝ち取った）年から、当時の世界情勢やそれぞれの国の特色、歴史を考えることができる。戦争、人口、黒人差別、先住民族、宗教など多様な観点から“女性選挙権”学習することで、思考・判断力が育つ。ヨーロッパ諸国では、軒並み第一次世界大戦後に女性の選挙権が認められたが、フランスでは1944年と遅れて実施される。それは、女性の人権が不十分しか認められていなかったナポレオン法典によるところが大きい。

●授業のポイント

女性参政権実現の要因を多様な観点から考えることが大切である。選挙権を世界史的観点から多面的・多角的に分析することができる。

●参考文献

菅原由美子他『くらべてわかる世界地図　ジェンダーの世界地図』（大月書店）

§6 Ⅰ　選挙について考えるクイズ
さまざまな投票制度

〈関連して扱える教科書単元「選挙制度」〉

（平均的な必要時間20分）

考えるきっかけ―クイズ

投票制度、次のことは認められているのだろうか？　認められているものに○、認められていないものに×をしなさい。

① 当日投票できない場合は選挙期日前に投票できる。

② 病院や老人ホームに入院、入所の場合はその施設内で投票できる。

③ 旅行中は、その滞在先で投票できる。

④ 身体に重度の障がいがある場合は自宅に投票用紙を回収にきてもらえる。

⑤ 刑務所入所中はそこで投票できる。

⑥ まぐろ漁船など国外を航海する船舶の船員はファクスで投票できる。

⑦ 外国に住んでいる日本人（外交官もふくむ）は、ファクスやネットで投票できる。

〔答え〕①○②○③○④×⑤×⑥○⑦○

●そこが知りたい

① 仕事や旅行、レジャー、冠婚葬祭などの理由で当日投票できない場合は、選挙期日前に投票できる。

② 病院や老人ホームに入院、入所の場合はその施設内で投票できる。

③ 出張、旅行などで滞在している場合は滞在先で投票できる。

④ 回収にはきてもらえないが、自宅等で投票用紙に記載し郵便で送付する。

⑤　刑執行中の人には投票権はない。

⑥　洋上からファクスで不在者投票ができる。対象となるのは、衆議院議員の総選挙および参議院議員の通常選挙。

⑦　外交官や商社などの海外勤務の人も投票ができる。

●アクティブ・ラーニング授業

【グループ討議】 さまざまな投票制度が認められるようになったのはなぜか？　社会の変化から考えよう。

「すごいお金が必要なのにいろんな制度があるんだ」

「海外で勤める人が多くなったからかな」「グローバル化だ」

「まぐろ漁船は前からあったのでは」

「少数の場合は認められていなかったのでは」

「障がい者の人権も認めようという法律もできたから」

「バリアフリー社会かな？」

「とりわけ用事もない人の期日前投票って必要ないのでは」

「日曜日に家族で遊びに行くからっていうのもオッケーなんだ」

「どんどん投票率が下がっているから仕方ないかも」

「余暇を大事にということもあるのでは」「最近増えている休日もそうだね」

「犯罪を犯し刑務所に入所している人は投票権はないんだ」

●授業のポイント

「国際化の進展」「バリアフリー社会の推進」「余暇における自己実現」「勤務形態の変化」により投票制度も変化してきたことを確認する。

●参考文献

『アクセス現代社会2016』（帝国書院）

§7 Ⅰ　選挙について考えるクイズ

民主主義のコスト

〈関連して扱える教科書単元「選挙制度」〉

（平均的な必要時間20分）

考えるきっかけークイズ

2016年７月10日投票の参議院選挙の投票事務にかかわる費用は、国民１人あたりどれくらいだろうか？

500円　　700円　　1,000円

〔答え〕500円

●そこが知りたい—解説

今回は2013年参議院選に比べて30億円上乗せした535億円。投開票所の整備や広報活動、政見放送などに使う。有権者は約１億660万人なので、１人あたり約500円になる。その９割超は、各都道府県選挙管理委員会に配分され、ほとんどは当日の選挙事務の人件費に使用される。最も経費が高かったのは、期日前投票が始まった2004年の627億円である。18歳選挙権を導入した今回も広報活動のため多く計上された。

●アクティブ・ラーニング授業

【クイズ】投票用紙は「形状記憶型」で、箱の中で自然に開く仕組みになっている。紙ではなくフィルム製。鉛筆でも書き込め、開票時間を３分の１に短縮できる。この投票用紙１枚にかかる費用はどれくらいか？

１円　　２円　　３円　　４円　　５円

〔答え〕３円

【考えよう】これだけの費用をかけて行う選挙だが、18歳になったら投票に行くかな？

「お金はあまり関係ない」「そうだけど行かないと税金のムダ使いだよ」

『投票率が50％として、約5,000万人が投票に行かなければ、投票用紙分だけでもどれくらいの損害になるかな？』

「３円×5,000万＝１億5,000万円」

「すごい！　それだけのお金が無駄になるんだ」

「でも１回の選挙で500億円もかかるってスゴイって」

『この費用の中身は？』「ポスター」

『都道府県により異なるが、立候補者の選挙運動を平等に保障するため、選挙カーの燃料費やポスターの製作費などに約500万円程度は支給している』

「選挙ですよって宣伝」『参議院選挙では誰が起用されたかな？』

「広瀬すず」『この宣伝費用も必要だね。最も費用がかかるのは？』

「……………」『投票日当日の投票所経費だよ』「会場費？」

『投票会場は公的機関だから無料だけど、事務に携わる人の人件費だ』

「う～ん！　まあ、これだけお金を使っているのだから投票に行こうかな？」

●授業のポイント

生徒に投票に行くという意欲を喚起するために、“費用”から迫ってみた。また、民主主義の実現のためには、それなりのコストもかかることを確認したい。

●参考文献

『下野新聞』2016年６月29日

『日本経済新聞』2016年７月10日

§8 Ⅰ　選挙について考えるクイズ

なぜ候補者は連呼をくりかえすの？

〈関連して扱える教科書単元「選挙制度」〉

（平均的な必要時間20分）

考えるきっかけ―クイズ

選挙に立候補する権利を被選挙権という。衆議院議員や市町村議員は満25歳以上、参議院選挙や知事は30歳以上である。それでは、立候補したあとの選挙運動で、次の①から⑦のことは正しいか？　正しければ○、正しくないものには×をしなさい。

①　18歳未満は選挙運動はできない。
②　学校の先生は選挙運動はできない。
③　選挙運動は午前７時から午後７時まで可能である。
④　選挙運動期間（公示から投票日まで）であっても投票してくれるよう電話することができる。
⑤　選挙運動期間に投票依頼で自宅を訪問することができる。
⑥　選挙事務所を投票場の近くにつくってはいけない。
⑦　自動車に乗りながら選挙演説をしてはいけない。

〔答え〕①○②○③×④○⑤×⑥○⑦○

●そこが知りたい―解説

①　選挙権がない年齢では選挙運動はできない。
②　公務員は選挙運動はできない。
③　午前８時から午後８時まで。
④　電話で投票依頼することは許されている。
⑤　戸別訪問は、贈答や金銭がからむケースがあるので禁止。
⑥　300メートル以上離れていないといけない。

⑦　自動車に乗って演説できるのは、車を停車しているときに限られる。
「連呼ばかりしている」という批判は当たらない。。
＊なぜ、このような規制があるのかの議論と、改善すべきことについて意見交流したい。

●アクティブ・ラーニング授業

【考えよう】君は将来、議員になるために立候補したいか？

ほぼ全員がしたくない。理由を聞く。
「そういうタイプじゃないから立候補したくない」
「絶対に当選しない」「お金がかかるといわれているし」
「お父さんが議員の人が多いから無理」「女性はなかなか難しい」
「仕事してても退職しないといけない」など。
『絶対に当選しないってどうして？』「有名じゃないから」(笑)
「だって当選している人は何らかの政党に属している」
『なるほど、いわゆる一市民の人は立候補してもなかなか当選できないってことだね』「お金もかかるし」
『誰でも簡単に選挙に立候補できないように供託金といって投票総数の10分の１以下だったらお金を支払わないといけない制度になっています』
「落選したら仕事は？」『仕事をやめないと立候補できないからね。つまり立候補するだけでもけっこう大変だね』

●授業のポイント

日本の選挙は「べからず選挙」ともいわれ、被選挙権がありながら行使するのが難しい現実があることを理解させたい。

●参考文献

『世界　別冊』2016年４月１日（岩波書店）

§9 Ⅰ　選挙について考えるクイズ

最初の18歳選挙と投票率

〈関連して扱える教科書単元「選挙と政党政治」〉

（平均的な必要時間30分）

考えるきっかけークイズ

2016年７月の参議院選挙での全体の投票率は54.7％であった。それでは、18、19歳の投票率は何％か？

55.45％　　50.45％　　45.45％

〔答え〕45.45％

●そこが知りたい—解説

年齢別では、18歳が51.17％、19歳が39.66％と40％に満たなかった。19歳より18歳の投票率が高かった理由は、高校で活発になった模擬投票などで18歳の関心が高まったことがあげられている。19歳の低い理由は、進学や就職で地元を離れたことがその要因とされている。

●アクティブ・ラーニング授業

【考えよう】2016年の参議院選挙で投票率が全国で最も低かったのは何県か？

「都会のほうが投票率が低いのでは」『どうして』「若い人が多い」

「忙しいのでは？」「都会の人のほうが政治的に関心あるのでは？」

『ちなみに最も投票率が高かったのは長野県で62.86％でした』

「田舎のほうが高齢者が多いし、生活をなんとかしてほしいと思っているのでは」「大阪だって貧困が多いっていわれている」

「でも、あまり政治に期待していないのでは」

『山形県が62.22％で２番目に高いってことはやっぱり田舎が高いかな？それでは本題に戻って低い県は？』

「東京」「大阪」「広島」「沖縄」などの意見。

『広島はワースト３で49.58％です。最下位は高知県で45.52％です。どうして、高知県なのだろうか？』

「陸の孤島みたいに政治から見放されているから」（笑）

『ちなみに徳島県がワースト２で46.98％です。この両県に共通していることは何か？』「四国」「人口が減っている」「過疎県」

『今回の参議院選挙では合区という制度が初めて実施されました。徳島県と高知県が、島根県と鳥取県が合区になり、２県から１人が選出されます』

「それはやる気なくす」「しかも田舎だから投票所が遠いのでは？」

『しかも、高知県からの立候補者はなくすべて徳島県出身でした。合区の対象となった高知と徳島、鳥取はそれぞれの県の最低投票率を更新しました』

「10代の投票率は、どうなのですか？」『これも最低で31％でした』

●授業のポイント

高知県は、自由民権運動発祥の地でもあり、民権思想の理論家として知られる植木枝盛を輩出している。憲法は権力者を縛るものとする立憲主義の考えを当時から主張している。また「民権ばあさん」こと楠瀬喜多さんは「納税しているのに投票させないのはおかしい」と女性参政権を明治期に主張している。こんな先人の紹介をしながら、投票率最下位になった高知県の要因を考えさせたい。

●参考文献

『朝日新聞』「天声人語」2016年10月２日

§1 Ⅱ 現代社会と政治について考えるクイズ
進む少子高齢化

〈関連して扱える教科書単元「現代社会と私たちの生活」〉

（平均的な必要時間20分）

考えるきっかけークイズ

日本の人口は2015年時点で約１億2,694万人である。働いている世代（15～64歳）は、7,727万7,000人で１年間で105万1,000人減っている。一方で、高齢者（65歳以上）は、3,349万1,000人と100万6,000人増え、65歳以上の割合は、26.4％になり４人に１人は高齢者である。しかし、子どもの数はどんどん減り、一生のうちに何人子どもを産むかを示す合計特殊出生率も2005年は1.26になった。それ以降は少し持ち直し、2014年はいくらだったか？

1.32　　1.42　　1.52

〔答え〕1.42

●そこが知りたい―解説

【この語句の意味を調べよう】合計特殊出生率は終戦直後は４台であったが、1970年代から低下傾向にある。他の先進国の数値は以下のようである（2014年）。

シンガポール（1.19）
アメリカ（1.86）
フランス（1.99）
ドイツ（1.40）
スウェーデン（1.89）
イギリス（1.83）

●アクティブ・ラーニング授業

> **【グループ討議】**（黒板に次のランキング表を貼る）次のランキングは、「理想の数の子どもをもたない理由」をある新聞社が取材したものである。どのような理由で子どもをもたないか考えよう。

●グループで出た意見

・お金がかかる　・教育費がかかる　・育てるのがたいへん
・子育てに自信がない　・保育所が少ない　・子どもをみてくれる人がいない、など。

答えは隠しておき、それぞれのグループから発表させ、正解が出るたびにめくっていく。

１位　子育てにお金がかかる
２位　育児をする体力がない
３位　子どもの将来が不安
４位　教育への不安
５位　育児への精神的負担
６位　やりたいことができなくなる

●授業のポイント

グループで自由に意見を言うことから、少子化の背景を考える。

§2 Ⅱ　現代社会と政治について考えるクイズ

少子化対策

〈関連して扱える教科書単元「現代社会と私たちの生活」〉

（平均的な必要時間40分）

考えるきっかけ―クイズ

政府は2015年３月、少子化社会対策大綱を決定した。次の中で、その大綱に含まれる内容を選びなさい。

① 2017年までに保育施設に入れない乳幼児をゼロにする。
② 2019年までに学童保育の受け皿を約30万人分増やす。
③ 2020年までに保育料を現在の半額にする。
④ 働きすぎを防ぐ法律をつくる。
⑤ 2020年までに育児休業を取得する男性を13％にする。
⑥ 同居家族を増やしていく。

〔答え〕①②④⑤

●そこが知りたい―解説

上記４つ以外に、「３番目の子どもからの保育料無料化」「おじいちゃん、おばあちゃんの近くに住めるよう夫婦を支援」「妊娠が難しい人の相談窓口」「最初の子どもを産んだ女性が働き続ける割合を55％に」などがある。

●アクティブ・ラーニング授業―少子化対策を考えよう

【グループ討議】グループで少子化対策を考えよう。

◎ユニーク対策

・結婚して子どもを産まなければ罰金100万円
・高齢者が学費を負担している家族では、孫の就職先が必ず決まる

・45歳以上で出産した夫婦には、老人ホームが無料
・子どもを１人産むと宝くじ100回無料券プレゼント
・55歳以上で結婚すれば指定の公共施設を貸切
・子どもの数だけ毎年海外旅行ができる
・子ども（小学生）専用のゲームセンターをつくる
・子どもが１人で家にいても大丈夫なような子育てロボット
◎ 現実的対策
・２人以上子どもがいる場合、教育費を半減する
・会社に保育施設をつくる
・子どもの玩具を無料にする
・子どもを２人以上産めば税金を安くする
・会社設立時に保育所を義務づける
・「高齢者家政婦」が子どもと遊ぶ
・保育園の時間延長
・保育士等の職種への保護充実
・格安家政婦制度をつくる
・２人以上子どもがいる場合、子どもの数のベビー用品などを支給
・近所づきあいを増やし仲良くし子どもの面倒を見合いする
・午前のみ、午後のみ出勤
・高齢者と子どもがいる母親のシェアーハウス

●授業のポイント

多彩な「少子高齢化対策」が出されたが、一見してわかるように「ドラえもん」的要素がたぶんに散見される。再考させることにより、少子高齢化対策の困難さと、実現可能性について考えさせることが大切である。

●参考文献

『ニュース検定「時事力」基礎編2016』（毎日新聞出版）

§3 Ⅱ 現代社会と政治について考えるクイズ

多数決って民主的？

〈関連して扱える教科書単元「現代の民主主義と政治」〉

（平均的な必要時間30分）

考えるきっかけ―クイズ

2011年の東日本大震災では、津波によって大量のがれきが発生した。地元の処理施設では処分しきれないので、岩手県や宮城県のがれきを全国の多くの自治体が協力して処理した。しかし、行き場のないがれきや汚染された土はどれくらい残っているのだろうか？（2016年２月現在）

東京ドーム10杯分　７杯分　５杯分　３杯分

〔答え〕東京ドーム７杯分

●そこが知りたい―解説

福島県内各地で行き場のないまま積み上げられた汚染された土は東京ドーム７杯分になる。廃棄の行き場をなくしたわけだ。

宮古市で津波のため使えなくなった漁網や漁具を、受け入れることを決めた金沢市で反対運動が起こった。事前の測定により問題ないことがわかっていたが、「東北地方のものだから不安」というイメージからの反対だ。市長と反対派の非難の応酬になったが、2012年11月には、市長は受け入れを正式に表明した。

とにかく自分のそばからは問題を避けたいという考えを「ニンビー」問題といわれる。世界的には「移民」「難民」「基地」など、地方レベルでは「ごみ処理場」「刑務所」「火葬場」などである。

●アクティブ・ラーニング授業―多数決は民主主義か？

【あなただったらどうする】次の事例について、あなただったらどういう判断をするだろうか？　合意する場合は○をしなさい。

1　あなたの家の分譲マンションの1～4階が市立の児童相談所になる。
2　各都道府県で最低10名の難民を受け入れる。
3　沖縄に米軍基地が多いので、自治体で一か所受け入れる。
4　福島県の汚染された（健康への影響はない）土壌を自治体で受け入れる。
5　日本国内の産業廃棄物の一部をあなたの自治体で受け入れる。
6　あなたの自治体のごみ処理場がA君の家の隣につくられる。
7　新設中学校がB君の家の隣につくられる。
（A、B君はクラスの特定生徒とする）

●授業の流れ

①　隣どうしで意見が異なる場合は、ペアで意見交換する。
②　いつくかのグループで意見が異なったケースの発表。
③　意見交換をしたあと、再考する。
④　多数派の横暴と少数派意見の尊重についての意見交換を行う。

●授業のポイント

民主主義とは、多数派によって決定されたことは従わなければならない制度である。しかし、多数決が多数派の考えばかりを反映するなら、多数派と少数派が共存する社会をつくることは難しい。今民主主義は、自由な公共社会における統治の仕組みではなく、多数派が少数派を排除する制度の別名に変わろうとしていないだろうか？　そんなことを本授業を通じて考えさせたい。

●参考文献

『今解き教室』「現代社会に生きる私たち」2016年6月号（朝日新聞社）

§4 Ⅱ　現代社会と政治について考えるクイズ

国会玄関の４つめの銅像

〈関連して扱える教科書単元「国会」〉

（平均的な必要時間30分）

考えるきっかけ―クイズ

国会議事堂の玄関には４つの台座と３つの銅像が並べられている。３つとも、日本の憲政史にとって重要な人物である。３人とは誰なのか？　次の中から選びなさい。

A　岩倉具視　　B　板垣退助　　C　大隈重信

D　伊藤博文　　E　山県有朋　　F　小村寿太郎　G　吉田茂

〔答え〕BCD

●そこが知りたい―解説

B　板垣退助―自由民権運動の中心人物であり、1874年には民選議員設立建白書を出し、国会開設のさきがけとなる。

C　大隈重信―国会開設後立憲改進党を結成し、後に内閣総理大臣にもなる。

D　伊藤博文―大日本国帝国憲法の草案にかかわり、日本の初代内閣総理大臣になる。

●アクティブ・ラーニング授業

【考えよう】１つ空白の台座があるが、この台座にふさわしい人物は誰か？
「吉田茂」「池田隼人」「田中角栄」「小泉純一郎」「安倍晋三」「その他」から選択し考えよう（候補のうち吉田、池田、田中氏については歴史で既習）。

「吉田　茂」―戦争で落ち込んでいた日本を救った。
―日本の戦後の出発をうまく主導した。
「池田隼人」―高度経済成長を成し遂げた。
―三種の神器を買うことができるくらい国民所得を増やした。
「田中角栄」―小学校卒なのに総理大臣になった。
―新幹線網はじめ経済を発展させようとした。
「小泉純一郎」―郵政民営化を行った。
―いろんな規制を緩めて社会が変わった。
「安倍晋三」―アベノミクスで経済を活性化しようとしている。
―世界平和にむけてアクションを起こしている。
「その他」は、
「佐藤栄作」―ノーベル平和賞をもらった。

●授業のポイント

「４つめの国会玄関の銅像は誰？」ということから、国政についての価値観の相違を交流する。

判断材料が少ないと思いつきで終わるケースが多いので、数台のスマホを用意し、検索させてもいい。

§5　Ⅱ　現代社会と政治について考えるクイズ

裁判員制度の今

〈関連して扱える教科書単元「裁判所」〉

（平均的な必要時間30分）

考えるきっかけ―クイズ

2009年に「市民感覚を裁判に反映する」目的でスタートした裁判員制度。それから2016年で７年が経過した。2016年１月～２月の裁判への手続きに来たのはどれくらいの人数か？

約50%　　約30%　　約20%

〔答え〕約20%（20.9%）

●そこが知りたい―解説

裁判員候補は選挙人名簿から無作為で抽出したリストをもとに、事件ごとにくじで裁判員を選ぶ。ただし「70歳以上」「学生」「家族の介護」「重要な仕事」などの理由で辞退が認められている。2015年に選出されたのは約13万2,000人だったが、実際、手続きに来たのは24.5%にあたる約３万2,000人だった。

担当者は、出席率低下の原因について「審理予定日数が増えていることや、制度施行時に比べ国民の関心が低下している」と説明。

●アクティブ・ラーニング授業

【マイクロディベート】裁判員制度が実施されて７年。選ばれても実際に出席する人は約20%である。「裁判員制度」のメリット、デメリットについて考え、マイクロディベートをしよう。論題は「裁判員制度はなくすべし」。

【立論事例】

≪賛成≫

＜事例１＞そもそも裁判員の意見が分かれた場合、その意見に裁判員が入っていなければ採用されないので、民意が反映されているとはいえない。しかも、２審３審は関与できないので意味がないともいえる。最も大変なのは、死刑判決を出したときの精神的ストレスだ。

＜事例２＞強制的で仕事をしている人には無理がある。出頭率も低い。遺体や傷の写真を見なくてはならず精神的ストレスが強い。また、逆恨みされる可能性もある。大きい理由は、素人が下す判断は正しいのかという疑問がある。

≪反対≫

＜事例１＞国民が参加することで、裁判に国民の感覚や声を反映できる。また、裁判への関心が高まり、親近感がわく。密室で行われるというイメージが強い裁判の不透明性がなくなる。

＜事例２＞裁判に対する国民の信頼が強くなる。また裁判員裁判の裁判官は、法律にしばられていなく情に沿った判決が加味される。制度的にも強制ではなく、辞退することもできる。

●授業のポイント―マイクロディベートの手順

３人チームになり、肯定側、否定側、ジャッジのすべてを経験する。

① 肯定側立論（１分）

② 否定側立論（１分）

③ 否定側からの質問と肯定側からの答え（２分）

④ 肯定側からの質問と否定側からの答え（２分）

⑤ まとめ（１分ずつ）

⑥ ジャッジ（１：９、２：８、３：７、４：６で判定）

●参考文献

『朝日新聞』2016年５月21日

『東京新聞』2016年６月６日

§6 Ⅱ 現代社会と政治について考えるクイズ

トランプってどんな人？

〈関連して扱える教科書単元「アメリカ合衆国」〉

（平均的な必要時間30分）

考えるきっかけ―クイズ　正しいものには○、まちがいには×をつけなさい。

アメリカの大統領、トランプ○×クイズ。

① 祖父母、父母ともアメリカ人である。

② 1946年ニューヨークに生まれる。

③ ベトナム戦争で徴兵され、数か月だがベトナムに行っている。

④ 25歳で父の不動産会社の経営者になる。

⑤ チェコスロバキア出身モデルと結婚したあとも２人と結婚している。

⑥ いちばんの愛読書は「聖書」。

⑦ 酒は飲まない。たばこも吸わない。

⑧ 改革党から大統領選に出馬したことがある。

⑨ テレビ番組の司会やプロレスのリングに上がったことがある。

⑩ 総資産は3,700億円と推定される。

⑪ トランプタワーの最上階に自宅がある。

（『NEWSWEEK』2016年11月22日号を参考に作成）

〔答え〕①③×、それ以外はすべて○

●そこが知りたい―解説

① 祖父はドイツ人である。トランプの父親が、スウェーデン移民の子を装ったのは、ドイツ系では、ユダヤ系の人々に疎まれるためらしい。

③ 1968年にベトナム戦争の徴兵検査で不適格となり、兵役を免除される。不当な徴兵逃れだったとの疑惑もある。

●アクティブ・ラーニング授業

【グループ討議】トランプの「公約」、次の（　　　　）に当てはまる言葉を考えよう。

①（　　　　）教徒の入国を禁止する。

②（　　　　）との国境沿いに壁をつくる。

③（　　　　）を倒すためアラブの同盟国や友好国と攻撃的な軍事作戦を展開する。

④（　　　　）所持の権利を認める憲法修正をする。

⑤（　　　　）から脱退する。

⑥　温暖化対策の（　　　　）協定から脱退する。

⑦　貧困地域に住む児童が自由に学校を選べるよう（　　　　）億ドルの財政援助を行う。

⑧　新規雇用は（　　　　）よりアメリカ国民を優先させる。

⑨（　　　　）税を15%に引き下げる（現行は35%）。

⑩　出産した女性に（　　　　）週間の有給休暇を与える。

⑪　10年間で（　　　　）万人の雇用を創出する。

⑫　米陸軍の規模を（　　　　）万人の増強する（現在は48万人）。

（『NEWSWEEK』2016年11月22日号を参考に作成）

〔答え〕①イスラム、②メキシコ、③IS、④銃、⑤TPP、⑥パリ、⑦200、⑧移民、⑨法人、⑩6、⑪2,500、⑫54

●授業のポイント

トランプ大統領の当選後の演説での「われわれの国で忘れられた人々が、もはや忘れられることはない」という言葉との関連で、「公約」を考える。

●参考文献

『朝日新聞』『読売新聞』『毎日新聞』『産経新聞』4紙とも2016年11月10日

§7 Ⅱ　現代社会と政治について考えるクイズ

アメリカ大統領選あなたの政策は？

〈関連して扱える教科書単元「アメリカ合衆国」〉

（平均的な必要時間30分）

考えるきっかけ一確認　ヒラリークリントンの政策

① 日米や日韓同盟重視
② イスラム国を念頭に置いた「敵」の打倒
③ 雇用の創出
④ 銃規制強化
⑤ 不法移民の市民権獲得を支持
⑥ 賃金引上げ

●アクティブ・ラーニング授業

【考えよう】あなたは、トランプの対立候補になった。どのような政策を行うか？

≪政策例≫

① トランプは、ヒトラーです。アメリカを侵略国にしてしまいます。イスラム教やメキシコ移民に対する迫害は、ユダヤ人迫害と同じです。また、ヒトラーは高速道路をつくったり、社会保障を充実させています。多くの失業者を救うと言っているトランプと似通っています。こんなトランプはとんでもないです。

② トランプは、強く経済力のあるアメリカを復活させようとしています。でもTPPに入らず、保護主義では経済は発展しません。自由貿易を発展させ、アメリカの商品を世界に売ることが、一人ひとりの所得を上げ

ることになります。

③　トランプは、パリ協定に入らないと言っています。地球温暖化は世界の課題であり、協定に入らないことは、世界からの信頼をなくします。アメリカは、温暖化対策の技術開発を行い、新規雇用で失業者を救うことも可能です。

④　トランプは銃規制をなくすなどというとんでもないことを言っています。私は銃規制はアメリカにとって必要なことだと思います。銃か弾丸に税金をかけ、その財源を社会保障費に使います。

⑤　デトロイトはじめ、産業が壊滅し失業者の多い地域が多くあります。これは、保護貿易では救われません。これまでの技術を生かし、AI 社会にむけた新たな産業を発展させることが大切です

⑥　メキシコとの国境に壁をつくるのではなく、麻薬、不法移民、ギャングを防ぐためのシステムをつくります。貧困層でも大学までいけるように、資金援助を行います。銃規制については、持っている銃を廃棄すれば、減税します。

●授業のポイント

トランプに対抗する政策から、アメリカ社会の今後の方向性について考える。

歴史やアメリカの現状から多面的多角的に考察しているのがわかる。政策の是非や政策そのものを考えることは主権者教育の主たるテーマである。

＊本授業は立命館大学での模擬授業として実践したものである。

§8 Ⅱ　現代社会と政治について考えるクイズ

タイ国王の逸話からリーダーの条件を考えよう

〈関連して扱える教科書単元「民主主義」〉

（平均的な必要時間30分）

考えるきっかけ―クイズ

【スリーヒントクイズ】2016年10月、タイ王国で大きな出来事が起こった。何が起きたのか？　次のヒントをもとに答えなさい。

　ヒント１：多くの国民がSNSのプロフィール画像を真っ黒にした。

　ヒント２：多くの国民が黒い服を求めたため黒い服が売り切れ続出。

　ヒント３：テレビ局で放送されたテレビ番組が白黒放送になった。

〔答え〕プミポン・アドゥンヤデート国王（ラマ９世）が死去した。

●そこが知りたい―解説

団結と和解の象徴であったプミポン国王が2016年10月13日に88歳で死去。国中に悲しみが広がった。ヒント１～３の現象は制度的・強制的につくられたものではなく、国王を敬愛する国民が主体的につくり出したものであった。

●アクティブ・ラーニング授業

ここまでに敬愛されるタイ国王はどのようなリーダーだったのか？

①　４～５人グループをつくり、９つの四角の二択クイズの回答を考える。

②　順次、グループの自信のある項目から答えを発表する。

③　正解すれば、その項目に○、誤答は×。

④　早くビンゴ（縦横斜めで○が３つ）がそろったグループの勝ち。

①　在位期間何年か？ 50年　70年	②　国内紛争が起こった時に当時の首相と民主化デモのリーダーにしたこととは？ ・説教で一夜で解決 ・リーダーを投獄	③　病気入院中に国内デモが起こった時に…？ ・国民を幸せにできなかったと涙した ・点滴を受けながらデモに参加した
④　2006年野党によって選挙がボイコットされた時にしたことは？ ・首謀者の処刑 ・選挙のやり直し	⑤　1973年にバングラディシュが大飢饉に陥った時、プラーニンという魚を贈った数は？ 10万匹　　50万匹	⑥　国王が地方の視察中に現地の人を驚かせたこととは？ ・水田に入り農民の手助け ・子どもとサッカー
⑦　ある書類に書かれた国王陛下の職業は？ 農業　　僧侶	⑧　日本の皇室に相談したこと「国民の○○不足を解決したい」？ 知識　　栄養	⑨　小４の国語教科書に載った理想の経済「○○を知る経済」？ 足る　　格差

①在位70年。世界最長の在位期間。②1991年暗黒の５月事件。「～双方ともいい加減にせよ」と説教し一夜にして事態を収束させた。③「国民を幸せにできなかったのだろうか？」と涙された。④「民主主義でない」と選挙をやり直しさせた。⑤50万匹。⑥自ら水田に入り農民の手助けをした。⑦農業。⑧栄養（タンパク質）。⑨「足るを知る経済」持続可能で、地理的社会的条件に合った開発を行うよう促した。

●授業のポイント

タイ国王のリーダーシップの一面にふれ、日本の有権者として日本の国に求めるリーダーの条件とは何かを考えさせたい。

Ⅲ　経済と消費者について考えるクイズ

§1 金融って何？

〈関連して扱える教科書単元「金融の役割」〉

（平均的な必要時間30分）

考えるきっかけークイズ

次の①から⑤で正しいものに○、まちがいに×をつけなさい。

① われわれの預けたお金は、銀行の倉庫にしまってある。

② 銀行が火事で焼けてしまったら預けたお金はかえってこない。

③ 銀行がつぶれたらお金はかえってこない。

④ 預金を全部おろせば銀行はつぶれる。

⑤ 銀行は誰でもお金を貸してくれる。

〔答え〕①×②×③×④○⑤×

●そこが知りたい—解説

「金融」は、「資金が不足している人と余裕がある人との間で行われる資金の貸し借り」と定義される。③は、ペイオフ制度で1,000万円まで保障される。⑤は担保をふくめ信用が必要である。

●アクティブ・ラーニング授業—「銀行員になって融資してみよう！」

【ワークショップ】あなたは銀行員である。４人が、銀行にお金を貸してほしいと申し入れている。預金者から大切なお金を預かっている銀行員になり、①貸すか、貸さないか、②貸すとして、金利を高くするか、低くするか。その場合、金利0.3％（2016年はマイナス金利）ということをふまえ、貸出金利を決めなさい。

【　　】の友達名は、各グループごとに先生のほうから指定する。

＊村田先生（結婚資金300万円）

＊コンビニを開く友達【　　　　　　】（開店資金300万円）

＊歌手の西野カナ（生活費10万円）

＊嵐の二宮君（家を買う5,000万円）

<例１>

融資先	村田先生	【　山本君　】	西野カナ	二宮君
貸す（○） 貸さない（×）	○	×	×	○
金利	0.2％	％	％	０％
理由	お世話になっているし結婚式に呼んでほしい	以前、100円貸して、なかなか返してもらえなかった	有名人だけどファンでもない	ただでもあげたい。ライブのチケットもらえそう

＊各グループごとに、模造紙に書き、黒板に貼る。

【発問】「貸す」「貸さない」「高い金利なら貸す」「金利がなくても貸す」等、いろいろなケースがある。それを判断する基準は何か。

・山本君は、以前、お金を返してくれなかったから信用できない。

・芸能界の有名人に貸すと、メリットがある。

・結婚できるか不安な人に結婚資金は貸せない。

・やっぱり信用できる人には、少々低い金利でもお金を貸せる。

●授業のポイント

「貸す」「貸さない」の判断基準は「リスク」と「リターン」である。「リスク」の大小により金利が決定される。したがって、担保もなく、信用という点で課題のある消費者金融は金利が高い。

§2 Ⅲ　経済と消費者について考えるクイズ

キットカットとネスカフェの今

〈関連して扱える教科書単元「企業の役割」〉

（平均的な必要時間30分）

考えるきっかけ―クイズ

【クイズ１】チョコレート菓子「キットカット」を生産している会社は何という会社か？

【クイズ２】ネスレの売上高と、「明治」「サントリー」「アサヒ」「キリン」「JT」の総額と、どちらが多いか？

〔答え〕１　ネスレ　なかなか答えは出てこないので「コーヒー」等、ヒントを言う

２　ネスレ

●そこが知りたい―解説

ネスレは、コーヒーや菓子だけでなくミネラルウォーターや冷凍食品、ペットフードなど約200のブランドをもち、世界189カ国・地域でビジネスを展開している。

ネスレの売上高は、９兆3,418億円で、「明治」他５社の総額は８兆9,119億円である（2015年度）。

●アクティブ・ラーニング授業

【グループ討議】ネスレは、社会の変化に対応した商品を開発、販売している。「単身世帯の増加」に対しては、手間をかけずに１人分のコーヒーを入れられる１杯抽出型コーヒーマシン「ネスカフェ　ゴールドブレンド　バリスタ」を開発。

「高級化」に対しては、著名なチョコ職人とのコラボでつくったプレ

ミアムな「キットカット」。
　それでは「核家族化」で高齢者だけの家庭に対して、コーヒー関係でどのような商品（機器）を開発したか考えよう。

<回答例>
A　手作業が難しい高齢者に対して、簡単に美味しいコーヒーがつくれる機械
B　電話１本で自宅まで届けてくれるコーヒーサービス
C　海外に行けない高齢者が多いので、ブラジル、ベトナムなどいろんな国の銘柄のコーヒー
D　からだが不自由な高齢者への宅配コーヒー
　＊実際に開発されている機器にIOT機能を搭載した「ネスカフェゴールドブレンドバリスタI」というのがある。これは離れて住む高齢の親の安否が確認できる。登録すると、マシンの利用状況がわかり、安否確認ができたり、コミュニケーションがとれる。
　また、ネスレは、食品メーカーから「栄養・健康・ウェルネス」などの時代の変化に対応した会社へと変革しようとしている。具体的には、医療機関などで患者に提供される医療栄養市場、一般消費者向けの健康食品・サプリメントなどである。

●授業のポイント

　グローバル化時代に企業が生き残る道は、未来社会を展望しつつ、社会が切望する商品やサービスを提供することである。時代の変化の中での企業努力の在り方について学習する。

●参考文献

　『週刊ダイヤモンド』「凄いネスレ」2016年10月１日号（ダイヤモンド社）

§3 Ⅲ 経済と消費者について考えるクイズ
TSUTAYA の図書館

〈関連して扱える教科書単元「財政と財政制度」〉

（平均的な必要時間30分）

考えるきっかけークイズ

2013年佐賀県武雄市が全国に先駆けて民間企業が運営する図書館を開館した。さて、この民間企業は？

ア TSUTAYA　イ スターバックス　ウ ソフトバンク

〔答え〕ア

●そこが知りたい—解説

365日、朝９時から夜９時まで開館され、図書館の一角では雑誌や単行本が販売されている。レンタル DVD のコーナーや、スターバックスコーヒーもある。利用者が同社のポイントカードを利用してポイントを獲得する仕組みもある。

併設予定の「こども図書館」は、図書や絵本のコーナー、遊び場、フードコートなどを備える２階建てで、2017年10月開館。

●アクティブ・ラーニング授業

【考えよう】2015年、愛知県小牧市で、武雄市同様、TSUTAYA が運営する図書館が計画された。住民投票の結果、反対が賛成を上回り、計画は頓挫した。同様のことがあなたの町で計画されたら、賛成か？　反対か？

賛否を問うと圧倒的に賛成が多い。賛否に分かれて議論する。

＜賛成＞レンタル DVD のコーナーや喫茶があるから、図書館へ来る人が増える。

＜賛成＞子ども図書館はいいアイデア。子どもづれだとゆっくり本を選べないし、子どもは遊びながら本に親しめる。

＜反対＞ TSUTAYA だと利益がからんでくるから、高価な本が並ばない可能性が大きい。

＜反対＞レンタル DVD や CD 関連の本などが増える。

＜賛成＞職員の人の対応がよくなる。

＜反対＞今でもいいのでは？

＜賛成＞「本をお探ししましょうか？」なんて言ってくれるかも。

＜反対＞今でも探してくれる。

＜反対＞この運営費は誰が出すのかな？　レンタル料金はいらないよね。

＜賛成＞運営するだけで、市がお金を負担するから、今までといっしょ。

＊全国で３館目になる宮城県多賀城市の TSUTAYA 図書館を紹介する。

多賀城市立図書館の正面玄関を入ると、まず蔦屋書店の商業ゾーンが広がる。

１階にはスターバックスコーヒー、コンビニエンスストアが入居、２階はレンタルコーナーとなる。

３階はレストランとなっている。

市立図書館は正面玄関から入って左手にあるゾーンで、１階から３階まで書架が並ぶ。２つのゾーンは、吹き抜けによって区分される（HP より）。

●授業のポイント

民営化や民間委託について、TSUTAYA 図書館という生徒にとっても身近な教材を使い考えさせる。オープンエンドで終わる授業だが、公共財とは何かを考えさせたい。

●参考文献

『ニュース検定「時事力」基礎編2016』（毎日新聞出版）

Ⅲ　経済と消費者について考えるクイズ

§4 エンゲル係数の今

〈関連して扱える教科書単元「消費行動」〉

（平均的な必要時間30分）

考えるきっかけ―クイズ

エンゲル係数とは、消費支出に占める食費の割合である。戦後の混乱期は60%程度だったが、徐々に低くなり、2005年は22.9%だった。それでは2015年は、それより低いか高いか、それとも同じか？

低い　　高い　　ほぼ同じ

〔答え〕高い

●そこが知りたい—解説

2005年の22.9%を境に徐々に高くなり2015年は25%と高くなっている。

●アクティブ・ラーニング授業—KJ法

【書く】エンゲル係数が高くなった要因を思いつくままポストイットに書こう。

・食べるくらいしか楽しみがない　・給与所得が少なくなった　・消費税がアップされた　・老後が心配なので節約するようになった　・貧困が増えてきている　・家族で外食が増えてきた　・女子会ランチが増えた　・高級で美味しい店が多くなった　・女性が働くようになり家庭料理が少なくなった　・テレビでの食に関する番組が多くなった　・グルメブーム　・回転寿司ブーム　・共働きが増え、外食ですまそうという家族が増えた　・格安チェーン店が増え外食が多くなった　・食べ物に関する宣伝が多い

【グルーピング】アトランダムに書いたポストイットをグルーピングし、表札をつけよう。

≪社会の変化≫・女性が働くようになり家庭料理が少なくなった　・女子会ランチが増えた　・高級で美味しい店が多くなった　・グルメブーム　・回転寿司ブーム　・共働きが増え、外食ですまそうという家族が増えた　・格安チェーン店が増え外食が多くなった　・高級で美味しい店が多くなった
≪経済の変化≫・給与所得が少なくなった　・消費税がアップされた　・貧困が増えてきている
≪マスコミ≫・テレビでの食に関する番組が多くなった　・食べ物に関する宣伝が多い
≪考え方の変化≫・老後が心配なので節約するようになった　・食べるくらいしか楽しみがない

【プレゼン】エンゲル係数が高くなった要因について発表しよう。

＜発表の例（要旨）＞
「給料が安くなったことが最も大きい要因です。食べることは絶対必要だから減らすわけにはいきません。また、最近は、高級で美味しいものが好まれるようになり、レストランで食べたり、高級品を買うようになっています。また女性の社会進出で、食事は家でというのが少なくなりました。女子会など、食べることはコミュニケーションの一つになってきています」

●授業のポイント

エンゲル係数が高くなった要因を経済、社会など多様な観点から分析し、現代社会に対する見方・考え方を培う授業である。

●参考文献　『毎日新聞』2016年８月５日

§5 Ⅲ 経済と消費者について考えるクイズ

ふるさと納税って何？

〈関連して扱える教科書単元「税と社会生活」〉

（平均的な必要時間20分）

考えるきっかけークイズ

① 次の１位から５位は何についてのことか？

【第１ヒント】１位 肉、焼酎　２位 魚、IPAD

３位 果物、将棋の駒　４位 うなぎ　５位 家電

【第２ヒント】１位 宮崎県都城市　２位 静岡県焼津市

３位 山形県天童市　４位 鹿児島県大崎町

５位 岡山県備前市

【第３ヒント】１位 42億円3,100万円　２位 38億2,600万円

３位 32億2,800万円　４位 27億2,000万円

５位 27億1,600万円

② 2015年に「ふるさと納税」を行った人は何人か。

130万人　530万人　930万人

③ 自治体の返礼品の費用は、寄付額の何%か。

18%　28%　38%

〔答え〕①2015年度にふるさと納税で多くの寄付金を受けた自治体、②130万人、③38%

●そこが知りたい―解説

① 好みの地方自治体を選び寄付する「ふるさと納税」は、2008年に始まった。寄付額の2,000円を超える分が所得税と住民税から減税される。寄付額に応じて、返礼品がもらえる制度で、第１ヒントは、その返礼品のベスト５である。全1,788自治体のうちトップ１％の上位20自治体が、全

体の27％の寄付額を集めた。

② 2015年は前年の３倍となり、1,470億円を寄付。そのため2016年度の住民税の軽減額は999億円となった。この地方税の減収は、その75％を国が地方交付税で補てんする。

③ 2015年度は、寄付額1,653億円に対し、返礼品の費用は38％に当たる633億円。事務費や送料などを含む全体の経費は48％の793億円である。

●アクティブ・ラーニング授業

【考えよう】なぜ「ふるさと納税」が行われるようになったのか？

「自治体の名産のアピール」「名産品をもらうために寄付するのかな？」

『徐々にそうなってきましたが、元のねらいはそうではありません』

「悩んでいる自治体を救うため」

『悩みって？』「人口が減る」「若者がいない」

『若いころ育ったふるさとにも納税する仕組みがあればいいのにってことから始まった制度だ』「なるほど！　都会に出て行った人が、自分の故郷にも少しは役に立ちたいってことか！」

「でも、なんか返礼品競争になってるのでは」

「でも、名産品をアピールすることで、地域も活性化するのでは？」

「でも、すべての自治体にアピール度の高い名産があるわけじゃないし」

「１％の自治体で27％の寄付金なんて、格差を拡大するだけでは」

「それと、半分近くを返礼品の費用に使ったら意味がなくなる」

●授業のポイント

「ふるさと納税」への興味づけだけではなく、実施されたねらいと、現在の課題を学習する必要がある。

●参考文献

『朝日新聞』2016年６月15日

§6 Ⅲ　経済と消費者について考えるクイズ

君はどこに寄付しますか？

〈関連して扱える教科書単元「税と社会生活」〉

（平均的な必要時間20分）

考えるきっかけークイズ

北海道上士幌町は、人口5,000人に満たず、65歳以上の高齢化率も35%近い過疎地である。住民税など税収は６億5,000万円ほどだが、2015年のふるさと納税寄付額は15億円を超えた。地元ブランドの和牛肉や、酪農家がつくるジェラートを返礼品にしたのが功を奏したようだ。上士幌町は、この寄付を何に使ったのだろう。

ア　学校の放課後の児童クラブを５か所、子育て支援センター２か所増設。

イ　子育て支援や少子化対策基金をつくり、「認定こども園」の利用料を10年間無料にする。

ウ　動物園で新たな動物を受け入れるための基金にする。

エ　地域のNPOへの資金援助にする。

〔答え〕イ（2016年３～５月にかけて39人増加している）

●そこが知りたい―解説

アは、宮崎県都城市、ウは、山口県周南市の徳山動物園の事例である。エは、佐賀県の事例で、県が認定したNPOの13団体から支援したい寄付先を選ぶことができる。この場合の返礼品はNPOごとに行われる。

●アクティブ・ラーニング授業

【グループ討議】君たちは、どの自治体に寄付しますか？

Ａ（長野県伊那市）全国８位の約26億円で返礼品は家電。

B　（島根県浜田市）全国10位の約21億円で返礼品は魚。
C　（山形県天童市）さくらんぼや将棋のストラップが返礼品。寄付金は、駒づくりの職人育成や、将棋教室の運営費に使われる。
D　（東京都東大和市）戦災遺跡「旧日立航空機変電所」を平和のシンボルとして後世に残す基金として使う。返礼は寄付者の名前を変電所内に掲示。
E　（熊本県益城町）１万円以上の寄付してくれた方が対象。返礼品は、熊本復興プロジェクト描き下ろしイラストグッズ。
F　（北海道池田町）池田町出身者向けのサービスとして空き家見回り、墓清掃。
G　（福岡県みやこ町）地元産野菜セットで約3,000万円の実績をあげたが、100万円以上の寄付者は、「一日町長」を体験できる。
H　（埼玉県さいたま市）さいたま国際マラソンの参加権がもらえる。

B　島根県という過疎県のために少しは役立ちたい。なんといっても、美味しい魚がいい。家電は、イオンで買うことができる。しかも浜田市は、寄付金を少子化対策のために使っていると聞いた。
C　日本の将棋の駒の大部分をつくっている町を応援したい。返礼品の美味しいさくらんぼも魅力的。後継者の育成というのがいい。
E　名産品はデパートでも販売されている。やはり有効に使ってくれる自治体がいい。復興イラストグッズというのも、ある意味かっこいい。

●授業のポイント

「ふるさと納税」は、返礼品競争が熾烈になり疑問視され、自治体同士が納税者への損得勘定をあおる競争にのめりこんでいいのかとの指摘もある。学習者に市町村を選択させ、返礼品を考え、プレゼンするという学習も可能。

●参考文献　『朝日新聞』2016年６月15～22日
『北海道新聞』『西日本新聞』『室蘭民報』『南日本新聞』『東京新聞』など

§7 Ⅲ　経済と消費者について考えるクイズ

TPPの是非（その1）

〈関連して扱える教科書単元「進む地域経済統合とその課題」〉

（平均的な必要時間30分）

考えるきっかけークイズ

TPP（環太平洋パートナーシップ協定）は、2006年、シンガポール、ブルネイ、ニュージーランド、チリ、アメリカ、オーストラリア、ペルー、ベトナム、マレーシア、日本やカナダ、メキシコの12カ国間で関税をなくし、自由貿易の障害をすべてなくそうとする協定である。農林水産物全2,328品目のうち、およそ何割の関税がなくなるのだろうか？

5割　　8割　　10割

〔答え〕8割

●そこが知りたい—解説

8割についての関税がなくなる。具体的には米や小麦、牛肉、乳製品、みかん、りんご、あじ、さば、木材などが該当する。このうち米については、当面、輸入分と同量の米を政府が買い取るので、生産量や農家の所得に影響はないとされている。工業製品については自動車、半導体、電子部品、鉄鋼、機械などの関税がなくなる。

●アクティブ・ラーニング授業

【グループ討議】TPP参加によるメリットとデメリットを考えよう。

【メリット】

・輸出中心の日本の工業が儲かる。　・ますます牛丼が安くなる。

・海外から安い農作物が入ってきて消費者が得をする。

【デメリット】

・安い外国の農作物が輸入され、日本の農業が壊滅する。

・農業が壊滅すると農機具などをつくる会社にも影響が出る。

＊いくつかのグループからメリットとデメリットを発表させる。そんなに多様な意見は出てこない。

●ワークショップ―ポストイット移動でTPPを再考する

黒板に数直線を引き、⓪から⑩の番号を書く。⓪はTPPかなり反対、⑩はかなり賛成の立場である。

Ⅰ　第一ステージ

メリット、デメリットの話し合いをもとに、グループナンバーを書いたポストイットを貼りにくる。③から⑦あたりに集中する。

Ⅱ　第二ステージ

メリット、デメリットの一事例を示し、発表する。

＜メリット１＞日本のマーケット拡大へ

「TPPの加盟により太平洋を囲むオセアニア、アジア、南北アメリカの広い地域の国々が同じ経済圏になります。その結果、日本商品の販売地域は世界各国へと広がります」

＜デメリット１＞TPPはアメリカと日本のためのもの

「TPP交渉に参加している国のGDPの割合を見ると、非常に極端です。アメリカが70％弱、日本がおよそ25％で「日米FTA」です」

＊グループ討議を経て、ポストイットを移動させる。大きく変化したグループの意見を聞く。

・④から⑦　農業などでデメリットはあるが、大きい目で考えるとメリットのほうが多い。

・⑥から③　政治だけでなく経済もアメリカのいいなりになる。

Ⅲ　経済と消費者について考えるクイズ

§8　*TPPの是非（その2）*

〈関連して扱える教科書単元「進む地域経済統合とその課題」〉

（平均的な必要時間30分）

●ワークショップ

Ⅲ　第三ステージ

＜メリット２＞TPPは大きなチャンスの可能性も

「農産物については、安い外国産の野菜や果物が輸入され、日本の農業に壊滅的なダメージを与えるのではという人もいます。しかし日本の農産物はレベルが高く、誰もが外国産に乗り変わることはないでしょう」

＜デメリット２＞さまざまな分野への影響も

「関税撤廃により安い農作物の輸入が増え、国内の農林水産業の生産額は減少します。また、畜産業は新鮮さが不可欠な牛乳をのぞき、肉牛や乳製品への影響があります」

・⑤から⑧　日本の農作物は安全で美味しく、安い外国製に負けることはない。

・⑦から⑤　今でも食料自給率が低いのにもっとたいへんになる。

Ⅳ　第四ステージ

＜メリット３＞経済全体の活性化が実現

「関税の撤廃とともに、安い商品が輸入されます。これにより外国製品だけでなく日本製品も低価格になり、消費者は安い商品をたくさん購入します。商品が売れれば企業は元気になり、雇用も増えます」

＜デメリット３＞国内の混乱を招く可能性

「TPPで関税がなくなり、安い製品が輸入されると国産品は売れなくなり、ひいては国内で働く人の仕事がなくなります」

・⑦から③　安い価格になるというのは会社が儲からなくなり、失業者も増えます。産業空洞化は最悪。

・⑧から⑥　これ以上日本の会社が海外に行くようになると、ますます経済が不活発になる。

Ⅴ　第五ステージ

＜メリット４＞アジア経済の先頭に立つために

「TPP は、環太平洋全体を巻き込んだ自由貿易地域をつくる土台づくりを目指しています。そのなかでサービスや投資の自由化、知的財産権の保護などさまざまな交渉が行われます。

将来、アジア経済の共通ルールがつくられる時、各国をリードするためにも TPP 参加は大きな意味があります」

＜デメリット４＞多くのデメリットがある政策分野

「アメリカ型の医療制度が導入されれば、「株式会社」の医療機関がつくられます。診療費は格段に上がり、「患者第一」という日本の医療制度が崩壊する可能性もあります」

・⑤から②　日本がリーダーシップをとるのは無理で、関税以外のいろんなことで、マイナス面が出てくる。

・⑦から⑤　今でも失業者が多いのに、いっそう増えるだけでなく、日本の医療制度もふくめ変わるのはマイナス。

●授業のポイント

最終的には、⑤以上は⑥⑦と考えたグループのみで、大部分は④以下になった。TPP の内容はかなり複雑であるので、教師からの資料提示が不可欠である。押しつけではなく、多様な意見を交流しながら価値判断していく授業が大切である。

●参考文献

泉美智子監修・河原和之『よくわかる貿易』(PHP)

Ⅲ　経済と消費者について考えるクイズ

§9　契約って何？

〈関連して扱える教科書単元「法や契約と経済活動」〉

（平均的な必要時間30分）

考えるきっかけ―クイズ　気に入らなければ交換してもらえば！

【クイズ１】次の中で「契約」に当てはまるものを選びなさい。

①　家電量販店でパソコンを買う

②　ゲームセンターでゲームをする

③　電車に乗るために切符を買う

④　街角でアンケートに答える

⑤　自動販売機でジュースを買う

⑥　高校に入学するために入学金を払う

⑦　○○高校を受験すると先生に言う

【クイズ２】パソコンを買った。いつ契約が成立するか？　次から選びなさい。

ア　口頭で「買う」と言い、それにお店の人が応じたとき

イ　契約書をつくり印鑑を押したとき

ウ　代金を支払ったとき

エ　商品をうけとったとき

〔答え〕クイズ１―①②③⑤⑥

クイズ２―ア

●そこが知りたい―解説

金銭がからんでいる取引はすべて契約である。④のアンケートや⑦の伝えることなどは契約に当たらない。また、契約は口頭によりお互いが同意したときに成立する。

●アクティブ・ラーニング授業

> **【考えよう】**あなたが、契約を破棄できたケースを２つ書きなさい。

<発表例>

・靴を買ったけど別の気に入ったのがあったので交換してもらった。

・塾が自分にあわなかったので変えた。

・服を買ったけど着てみると、サイズがあわなかったので交換してもらった。

など多様なケースが紹介された。発表した生徒は契約が破棄できたことを当然だと思っている。

> **【考えよう】**君たちは、経験上、契約したあと商品の交換に応じてもらっているのに、どうしてだろう？

「その店員さんがたまたまやさしかった」「僕がきつく言ったから」

「返品を認めなかったら、印象を悪くされるから」

生徒が発表したことは、法的に認められていることではなく、売り手の「善意」による契約破棄であることを確認しておく。

●授業のポイント

「契約の印も押していないから買った品物を交換してもらおう」って考えている中高校生が多い。このことは「原則」である「契約」については知らないということである。悪質商法が若者にも広がっている現実を考えたとき、それに対応する「法的知識」や「対策方法」を教えることも必要であるが、「原則」である「契約」の意味を学習することが大切である。

§10 Ⅲ　経済と消費者について考えるクイズ

クーリングオフって何？

〈関連して扱える教科書単元「法や契約と経済活動」〉

（平均的な必要時間30分）

考えるきっかけ―クイズ

次の①から⑥の中で契約を解除できるのはどのケースか？

① スポーツシューズを買ったら、別の店でもっと安いのを見つけた。

② 学習塾に入塾手続きをしたが、2～3日行ってみたが、どうも自分にあわない。

③ 家に教材会社から電話がかかってきて教材を購入したが、内容が高度なので返却したい。

④ 「福祉に協力を」と自宅に来た人から2,500円のハンカチを買った。

⑤ 街頭で化粧品を契約。そのとき「クーリングオフはしない」と合意書にサインした。

⑥ 通信販売で健康食品を買ったが自分にあわないので返却したい。

〔答え〕①×②○③○④×⑤○⑥×

●そこが知りたい―解説

店頭での契約は基本的には契約解除はできない。電話や街頭、または自宅訪問による勧誘についてはクーリングオフが可能である。ただし金額が3,000円未満については解除できない。

●アクティブ・ラーニング授業

【考えよう】クーリングオフに関する替え歌を歌います。（　　）にあてはまる言葉を考えなさい。

ある日（　　　　　）さそわれて

話にのせられ（　　　　　）と
たのむと　約束したけれど
本当に　これで　いいのかな　　（２以下は略）
＊「鉄道唱歌」「うさぎとかめ」「われは海の子」などで歌う。

「ともだち」「どこかで」「いきなり」「とられて」「つられて」「つかまり」「うかうか」など、さまざまな答えが出された。それぞれ理由を聞く。答えは「とつぜん」「ついつい」であるが、答えを考えさせる中で、クーリングオフの「意味」を理解させることが目的である。「クーリングオフ」は、「頭を冷やしてもう一度考えてみる」という意味であり、じっくり考えることができる「通信販売」や「店頭販売」では適用されない。

【考えよう】訪問販売であっても、他のどんな理由であれ、クーリングオフができないものがある。それは何か。

「花」「生もの」「テレビ」「土地」などの答えが返ってきた。答えは「乗用車」。この答えは実際教室から子どもが消費生活センターに電話することで確認。
〔センターからの答え〕
「乗用車は店頭販売が主流であり、たとえ訪問販売で来たとしても、消費者が思いつきで購入することはない。クーリングオフは、十分な情報も与えられず、考える余裕もなく、無理やり購入させられたときの救済措置だから、乗用車には適用されません」

●授業のポイント

クーリングオフの意味だけではなく、クーリングオフの「精神」を考えさせることが大切である。このような考え方を培う学習でないと、ますます巧妙になる「悪質商法」への根本的な対策にはならないであろう。

Ⅲ　経済と消費者について考えるクイズ

§11　食品添加物

〈関連して扱える教科書単元「自立した消費者へ」〉

（平均的な必要時間30分）

考えるきっかけ―クイズ

次の写真のモノは何？

「虫」「動物のフン」「正露丸の古いの」など盛り上がる。かまぼこやかき氷を持参し、これが使われていることをヒントに出す。

〔答え〕コチニールという天然の着色料

●そこが知りたい—解説

コチニールという着色料に使われる乾燥した昆虫の粉末である。かまぼこのピンクの部分やかき氷の着色にも使われている。繊維などの染料、絵画などの絵の具に始まり、現在は医薬品、お菓子、ハムなど食料の染色剤、飲料水の着色、口紅、アイシャドーなどにまで使われている。人工的につくられたもの（合成着色料）ではないので、安全な着色料と言われている。コチニールは染料を取り扱うところでネット販売もある。

●アクティブ・ラーニング授業

①　色の変化を見てみよう

ペットボトルに入った水にコチニールを入れ、生徒に振らせる。数分すると、鮮やかな紅色になり、驚きの声があがる。

②　コチニール色素が使用されている食品の紹介

イチゴ味の飲料や炭酸飲料、健康食品、魚類ねり製品、食肉加工品など幅広く使用されている。

③　食品添加物を調べよう

コンビニで販売されている数種類の弁当を持参し、そこに貼られているラベルの中から、意味がわかりにくい添加物をあげ、その内容を調べよう。

≪焼肉弁当≫

○グリシン—コラーゲンの主な構成成分であり、ごはんなどの水分を逃げにくくする。

○キサンタン—多くの糖類を含み、食感を向上させる。

○ステビア—キク科の多年草で甘味料として使われる。

≪日替わり弁当≫

○ソルビン酸K—カビや酵母、細菌に効果のある保存料。

○サッカリンNA—代表的な合成甘味料で甘みは砂糖の200～500倍。

●授業のポイント

安全性をアピールするため、スーパーに並ぶ食品や外食産業チェーンの「無添加」の表示がされる。そもそも保存料がないほうが安全であるというのは疑問がある。食中毒で死者が出る食品の多くは生もの。添加物で安全性を確保することも必要である。昆虫の粉末である「コチニール」はきわめて安全である。

●参考文献

『AERA』2016年7月25日号（朝日新聞出版）

§1 Ⅳ　AI社会について考えるクイズ

歴史にみる技術の導入と雇用の変化

〈関連して扱える教科書単元「技術革新と産業社会の変化」〉

（平均的な必要時間20分）

考えるきっかけ―クイズ

次の言葉は、20世紀のはじめ、イギリスの経済学者ケインズが言った言葉である。（　　）に当てはまる言葉は何か？

「われわれは一つの新しい病気に苦しめられつつある。一部の読者諸君はまだ一度もその病名を聞いたことがないかも知れないが、今後は大いにしばしば聞くことだろう。それは（　　　　）失業である」

A　技術的　　B　植民地　　C　強権的　　D　不景気

〔答え〕A

●そこが知りたい―解説

技術的失業とは「銀行にATMが導入され、窓口係が必要なくなり職を失った」とか「自動改札になり切符を回収する駅員が職を失った」などといった失業である。ケインズが1930年にこう予言してから、世界恐慌が多くの失業者を生み出し、“技術的失業”どころではなくなった。

●アクティブ・ラーニング授業―ヒント

【クイズ】イギリスで産業革命のころ、紡績機（糸をつむぐ機械）が広く導入され、１人の労働者が、重さ１ポンドの綿花で糸をつむぐのにかかる時間は500時間から何時間に短縮されたか？

100時間　　50時間　　30時間　　３時間

答えは「３時間」である。

失業を恐れた手織工や一部の労働者は、1810年代に「ラッダイト運動」という機械の打ちこわし運動を行っている。

> **【考えよう】** 紡績機、紡織機の発明は、多くの雇用を生むことになる。その流れを説明しよう。
>
> 紡績機、紡織機の発明→Ａ→Ｂ→Ｃ→多くの雇用

Ａ　綿布の大量生産

Ｂ　安価な綿布

Ｃ　消費需要の増大

新しい技術の導入は、新たな財やサービスをつくり出すことを歴史は示している。蒸気機関も、機関車の動力に使われ、鉄道員や鉄道技師などの雇用を生み出した。つまり、産業の効率化によって、消費需要が増大するか、新しく生まれた産業に労働者が移動することで問題を解決してきた。

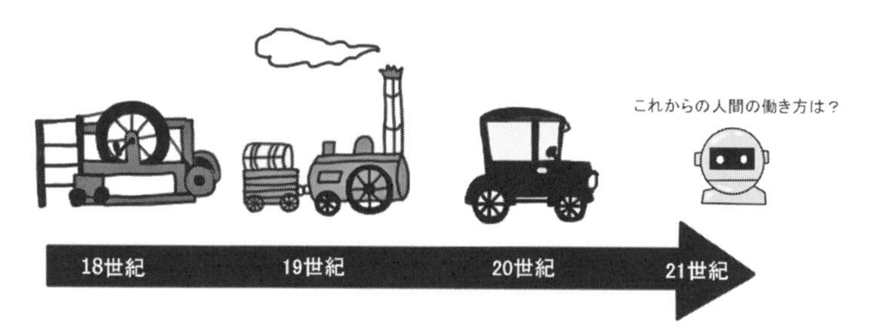

●授業のポイント

歴史的な観点から「AI」を位置づける学習である。また、「AI」＝「大量の失業者」というネガティブ思考ではなく、人類の叡智により、この問題をポジティブに解決していくことを考える。

●参考文献

井上智洋『人工知能と経済の未来』（文春新書）

§2 Ⅳ AI社会について考えるクイズ
人工頭脳（AI）って何？

〈関連して扱える教科書単元「技術革新と産業社会の変化」〉

（平均的な必要時間20分）

考えるきっかけ―クイズ

「人工頭脳」（AI）とは何か？「物事を認識し、自分で判断・行動する機械」「人の手によってつくり出す、人間に近い脳」などの定義が行われている。AIはロボットや家電にも搭載されている。次の中で、今現在（2016年）実現していることは何か？

① 「ドローン」を使った宅配サービス。
② ゴルフ場で飲み物やゴルフボールを届けるサービス。
③ 囲碁のプロ棋士との勝負で勝利した。
④ トランプのポーカーで世界一の人に勝利した。
⑤ 警備業界では、不審者を発見したら通報するロボットがある。
⑥ ホテルやデパートで活躍する接客ロボットがある。
⑦ 部屋を掃除してくれるロボットがある。

〔答え〕④以外すべて○（2016年現在）

●そこが知りたい―解説

① アマゾンが計画。

② 楽天が開発した「そら楽」。

③ 2016年３月、五番勝負で、グーグル社が開発した囲碁AI「アルファ碁」が韓国のプロ棋士に勝利。

④ 2015年に善戦したが敗れている。人間の心理作戦があり困難。

⑤ 2005年セコムで開発された「セコムロボットX」は、あらかじめプログラムされた予定されたコースを巡回し、不審者を発見したら通報する。

⑥　長崎ハウステンボスにある「変なホテル」である。チェックイン、チェックアウト、荷物の預かり、通話をふくめ、メインスタッフがロボット。
⑦　アイロボット社により開発された「ルンバ」である。床拭きロボット、プール掃除ロボット、樋掃除ロボットなどが実用化されている。

●アクティブ・ラーニング授業―ヒント

実用化されているAI（ロボット）のメリットとデメリットを考える。

AI（ロボット）	メリット	デメリット
「ドローン」宅配		
AI囲碁・将棋		
ロボット警備		
接客ロボット		
掃除ロボット		

【回答例】

AI（ロボット）	メリット	デメリット
「ドローン」宅配	安全、早い	味気ない
AI囲碁・将棋	スーパープロの出現	人間どうしのコミュニケーションがなくなる
ロボット警備	安全、正確	間違いが出てくる
接客ロボット	面白い	人間の味には負ける
掃除ロボット	家事が楽になる	家やものへの愛着がなくなる

●参考文献

本田幸夫監修『人類なら知っておきたい、「人工知能」の今と未来の話』(PHP)

Ⅳ　AI社会について考えるクイズ

§3 東ロボって何？

〈関連して扱える教科書単元「技術革新と産業社会の変化」〉

（平均的な必要時間20分）

考えるきっかけ―クイズ

次の数字は何か？　ヒント＝○ロボット

45.1（2013年）　47.3（2014年）　57.8（2015年）

〔答え〕「東ロボくん」の大学入試センター試験模試の偏差値

●そこが知りたい―解説

2015年11月14日東京大学の入学試験合格を目指す人工頭脳「東ロボくん」が受験した大学入試センター試験模試の結果が発表された。合計得点の偏差値は57.8。３年目で初めて平均の50を上回った。東大の合格レベルにはまだ遠いが、全大学の約６割にあたる474大学で合格可能性80％以上と診断された（『朝日新聞』2015年11月27日）。

●アクティブ・ラーニング授業―「東ロボくん」の得意と不得意

【考えよう】「東ロボくん」は人間の姿をしたロボットではない。プログラムを乗せたコンピュータだ。さて、このテスト結果について述べた次の文で正しいものに○、まちがいには×をし、その理由を交流しなさい。

①　世界史と数学の成績はよかった。

②　英語も比較的よかった。

③　物理の成績は悪かった。

④　国語はあまり得意ではない。

⑤　このテスト受験のねらいは、AIを大学に入学させ、卒業後、社会で役立てることがねらいである。

〔答え〕

①○　人物や事項を問う世界史の問題や、数式など公式を使う数学は高得点であった。

②×　前後の文脈を考えて、空欄にあてはまる言葉を答える問題が苦手。

③○　斜面を転がった球が別の球にぶつかるといった連続する2つの現象について考える問題が解けない。

④○　漢字や語句などは得意だが、言い換えできる関係かどうかの判断ができない。「『吾輩は猫である』の作者、夏目漱石は英語の教師をしていた」という文から「夏目漱石は『吾輩は猫である』の作者である」が正しい文だと判断することはできない。

⑤×　知的な作業で、人工頭脳ができることと、人間しかできないことを峻別するため。

●授業のポイント

「東ロボ」の得意と不得意を考えることから、AIと人間の相違を考える。

●参考文献

『今解き教室』「科学の世界へようこそ」2016年5月号（朝日新聞社）

§4 Ⅳ AI社会について考えるクイズ

なくなる仕事と残る仕事

〈関連して扱える教科書単元「技術革新と産業社会の変化」〉

（平均的な必要時間20分）

考えるきっかけ―クイズ

急激に進化する「人工頭脳」（AI）に対して、仕事が奪われるという声が聞かれる。イギリス、オックスフォード大学のフレイ氏とオズボーン氏は、70種類の代表的な職業から、どの程度の可能性でAIを搭載したロボットやコンピュータに仕事を奪われるかを推定している。次に示した職種で90％以上の可能性のある職種に○、５％以下の職種に×をつけなさい。

タクシー運転手　理髪業者　ウエイトレス　レジ係　データ入力　弁護士　旅行ガイド　教師　ファッションデザイナー　銀行窓口業務　数学者　医師　料理人　エレクトロニクス技術者　電話販売員

〔答え〕タクシー運転手（89％）、理髪業者（80）、ウエイトレス（94）、レジ係（97）、データ入力（99）、弁護士（3.5）、旅行ガイド（5.7）、教師（0.4）、ファッションデザイナー（2.1）、銀行窓口業務（98）、数学者（4.7）、医師（0.4）、料理人（96）、エレクトロニクス技術者（2.5）、電話販売員（99）

●そこが知りたい―解説

授業では『AIが苦手とする仕事はどんな仕事かな？』と問う。「新しいものをつくり出す仕事」「人間の細やかな感情が必要な仕事」「コミュニケーションの必要な仕事」「芸術的な仕事」などがある。一般的には、高学歴で創造性の必要な高給な仕事であろう。一方で、得意なのは「単純な事務処理」である。したがって、中間所得者と言われている職種はAIに代わることが考えらえる。タクシー運転手は89%だが、自動運転車は製品化が進んでいる。しかし、異常事態における状況判断も求められ、AI での困難性が指摘されている。また、乗車時における会話等も必要であり、AI により代替できるか課題である。

●アクティブ・ラーニング授業

1つの職種を選び、AI 化による是非を考えさせる。例えば「教師」「ケーキ職人」「会社秘書」「農業従事者」などである。

【考えよう】 学校の先生がロボットになったとしよう。君はこの先生に10点満点の何点を与えるか？

8―勉強をうまく教えてくれるが、子どもの微妙な感情がわからない。
6―勉強以外はとても AI では対応できない。
4―先生は勉強だけでなく行事やクラブなどいろいろな仕事がある。
2―ロボットに指導してほしくない。

●授業のポイント

AI により最も危惧されていることは、人間のする仕事がなくなることであろう。AI 化による是非を考えさせることから、AI と人間の分業の在り方について考察させたい。

●参考文献

小林雅一『AI の衝撃』（講談社現代新書）

§5 Ⅳ AI社会について考えるクイズ

AIの進化

〈関連して扱える教科書単元「技術革新と産業社会の変化」〉

（平均的な必要時間20分）

考えるきっかけ―クイズ

AIの進化に関する次の年表の①～⑤にあてはまる事項を考えよう。

	2015年	2020年	2025年	2030年
AIの進化	画像認識で人間を超える	ロボットが熟練した動き	文の意味がわかる	人間の脳並みの人工頭脳
セキュリティー	カメラによる顔認証で遊園地に入れる	カメラで、群衆から（①）	過去の犯罪発生データから警察官を配置	サイバー攻勢対策の高度化
外食	売り場の改善提案	単純な料理や盛り付け	8割以上の作業を代替する	無人店舗、ロボット（②）
自動車	高速道路など整備された区間の自動運転	郊外の幹線道路での自動運転	注意喚起などの精度の向上	市街地をふくむあらゆる道での自動運転
健康・介護	誤診の減少	病気の大部分で予防や延命が可能になる	しなやかに動ける介護や（③）	ロボットが医療チームの一員に
農業	トラクターの無人運転	トマトなど収穫作業の自動化	高付加価値の農作物を（④）を使い直送	同左
家事	掃除ロボットの普及	エネルギー利用の最適化	（⑤）ロボット	常識を備えた執事ロボットの普及

〔答え例〕①容疑者を数秒で特定、②おもてなし、
③対話ロボット、④ドローン、⑤洗濯物をたたむ

●そこが知りたい―解説

共通している構造的変化は、モノ売りからサービス提供へ、また、個人の特性にあわせたきめ細かいサービスへと転換されてくる。

健康面では、ホームドクターが実現。食事や運動のアドバイスといった健康管理が行われる。

●アクティブ・ラーニング授業

【グループ討議】「この進化はすごい！」ベスト３を選び、その理由を考えよう。

〔回答例〕

１位＜セキュリティー＞

犯罪捜査で AI が活躍するようになると、命の危険性がなくなりスムーズに容疑者を逮捕できる。

２位＜家事＞

これで家事から解放されて、仕事ができるようになる。結婚生活や子育てもうまくいくようになり、子どもを産む人も増えるのでは。

３位＜医療＞

手術をロボットがするようになると確実に成功するように思う。

●授業のポイント

AI 進化を、自分たちの生活や社会の変化との関連で多面的・多角的に考えることが大切である。

●参考文献

『週刊ダイヤモンド』2016年８月27日号（ダイヤモンド社）

§6 Ⅳ AI社会について考えるクイズ
職場を変えるAI

〈関連して扱える教科書単元「技術革新と産業社会の変化」〉

（平均的な必要時間20分）

考えるきっかけークイズ

政府は2015年１月に「ロボット新戦略」を発表した。重点項目は「ものづくり」「サービス」「介護・医療」「インフラ・災害対応・建設」「農林水産業・食品産業」である。また、ロボット化率の目標（2020年）も掲げている。それぞれの目標数値はどれくらいか？　次の数字から選びなさい。

① 大企業の作業などに対応できる多機能ロボット
　20%　25%　30%　50%

② 卸小売業、飲食宿泊業などの作業に導入し、仕分け・検品にかかわるロボット
　20%　25%　30%　50%

③ 老朽化する国内のインフラを点検・補修するロボット
　20%　25%　30%　50%

〔答え〕①25％②30％③20％

●そこが知りたい―解説

「介護・医療」においては、ベッドからの移し替え、歩行、排泄、入浴など支援ロボットの開発を進め、介護ロボットの国内市場規模500億円を目指す。「農林水産業・食品産業」では、トラクターなどの農業機械に自動走行システムを活用し、大規模生産と低コスト生産を目指す。また除草ロボットなど新ロボットを20機種以上の導入を目指す。

●アクティブ・ラーニング授業

【交流】店舗経営や人事も変える AI、次の４つの事実の中で、“すごい！”と思うものを１つ選び、その理由を交流しよう。

①「14：15、男性、25歳」膨大な顔データを使い、瞬時に性別・年齢を推定でき、顧客の店舗内でのスペースごとの滞在時間を把握。

②「A さんの活躍可能性は70％、B さんは50％」人事支援システムという、それぞれの会社、部署で活躍できそうな特徴を導き出す。

③「前回から時間も経っているので」「個室にしましょう」「○○さんも誘いましょう」などメールのキーワードから「カルテル（違法協定）の謀議の証拠」を抽出する。おもに官公庁や法律事務所で使われている。

④「この中にあなたのよかったと思う本はありますか？」個人の嗜好を理解したうえでおすすめ本を推薦する。

●授業のポイント

①は、国内のコンビニやデパートで稼働している。来店者の数、性別、年齢、動き、滞在時間などのデータとともに「買われなかった理由」がわかる。

②は、これまでの人事は、経営者や担当者の考えに基づいて行われてきた。AI 人事により主観ではなく、客観的に人事評価ができる。

③は、さまざまなキーワードを分類、学習し、９割以上の制度で不正を摘発する。

④は、同じ商品を買った人の購入履歴をベースに分析する。

●参考文献

本田幸夫監修『人類なら知っておきたい、「人工知能」の今と未来の話』（PHP）
『AERA』2016年８月22日号（朝日新聞出版）

§7 Ⅳ AI社会について考えるクイズ

東京オリンピック・パラリンピックとAI

〈関連して扱える教科書単元「技術革新と産業社会の変化」〉

（平均的な必要時間50分）

考えるきっかけ―クイズ

1964年に東京オリンピックが開催された。その時に、東海道新幹線や高速道路がつくられた。当時、渋滞を緩和するために東京23区内33か所につくられた施設は何か。

〔答え〕歩道橋

●そこが知りたい―解説

国内外からの多くの選手や観客を迎え、渋滞が予想されるため、東京23区に33か所の歩道橋が建設された。日本の高度経済成長期にあり、地方から多くの人が東京へ移動し、人口急増期であった。特に生産年齢層である若者が多く、歩道橋は素直に受け入れられた。

●アクティブ・ラーニング授業

【グループプレゼン】2020年に東京オリンピック・パラリンピックが開催される。多くの外国人が東京を訪れ、高齢者や障がい者が応援に来ることが予想される。AI社会が本格化する社会が予想されるが、どんな商品やサービスがあればいいか？　グループで考えよう。

・商品、サービス名　・価格　・内容　・特徴

の4点を考えよう。

① OMOTENA　SEAT

・超高齢社会になると、なかなか会場に行けない人も多い。そこで自宅に

居ながらも、その商品を使うと、風、音、歓声、臨場感がそのまま伝わる機器（15万円)。外国人へも販売でき販路拡大。

② VR 案内サービス

・VR を持って競技場まで道案内してくれる。観光や名物、料金案内など（2,200円）追加料金でマリオやソニックなどの人気キャラクターが案内。

③ テンプラチャー・スーツ

・ダイヤルによって出身国、出身地の気温を再現できる（1日レンタル1,500円）選手も観客も好条件で東京へ。

④ 字幕メガネ

・解説者の声を翻訳し、字幕としてメガネに飛ばしてくれる。また GPS 機能により東京案内も可能（1日レンタル2,500円）誰もが安心して観戦を！

⑤ スロープチェアー

・競技会場にスキー場のリフトもどきのチェアーが出迎え、観客席まで案内してくれたり、他会場へも安全に誘導してくれる（サービス料1万円）音声案内付きで翻訳も可能。

⑥ 万華鏡コンタクト

・コンタクト型のスマホと連動した動画投影機。自分が会場にいるような感覚、視点で競技を観戦できる。拡大、縮小、ピント、方向も自由。（3万9,800円）臨場感があり、どんな体勢でもオッケー。

⑦ リアルガイドブック

・競技日程を翻訳された言語と3D 映像で説明してくれる。現地では、目の前で行われている競技や選手のプロフィールの説明も行う（1万円)。

スマートフォン対応のアプリで全言語に対応。

§1 V エネルギーと環境について考えるクイズ

エネルギーの歴史

〈関連して扱える教科書単元「エネルギー消費」〉

（平均的な必要時間30分）

考えるきっかけークイズ

2013年、日本の電源構成で最も多いのは何か？　次から選びなさい。

原子力　石炭　天然ガス　石油　水力

太陽光　風力　バイオマス

〔答え〕天然ガス43％

●そこが知りたい―解説

2013年は、石炭30％、石油15％、太陽光などの再生可能エネルギー11％、原子力は2011年の原発事故以降、ほとんどゼロになっている。2018年（平成30年）の予想では、原子力、石炭、天然ガス、再生可能エネルギーとも20％程度で石油が数％になる可能性が高い。

●アクティブ・ラーニング授業

【考えよう】日本のエネルギーの歴史に関する（　　）に当てはまる語句を入れ、今後のエネルギー政策の在り方を考えよう。

① 戦後しばらくは、日本の自然条件から（　　　　　）発電が主流。

② 高度経済成長期には国内に豊富にあった石炭を使った（　　　　　）発電が主流。

③ 中東から安い（　　　　　）が輸入され石炭から主役がかわる（7割）。

④ 1973年―石油危機により（　　　　　）へ。

・全国17の原子力発電所で54基が運転。

・1990年には原子力の割合は（　　　　　）%へ。

⑤　2011年―東日本大震災以降「脱原発」。

⑥　2014年―エネルギー基本計画「原発は重要な基幹電源」。

・2030年の総発電量の原発が占める割合を（　　　　　）%。

⑦　2015年―国連気候変動会議196の国と地域がパリ協定。

CO_2などの温室効果ガスの排出を実質ゼロに。

【グループ討議】エネルギー政策の歴史から考え、今後、どのようなエネルギー政策がいいか考え、発表しよう。

〔答え〕①水力、②火力、③石油、④原子力、30%、⑥20%

●グループ討議

「エネルギーの時代の流れによって変化しているんだ」

「大事なのは、環境だから自然エネルギーでは」「でもお金がかかる」

「原発も事故が起こらないよう安全を確保してやればいい」

「でも地震は必ず起こる」「耐震性にすればいいのでは」

「水力にもどすということもいいかも」

「ダムもけっこうお金がかかる」「同じお金をかけるということなら自然再生エネルギーでいいじゃない」「太陽光か……」

「風力も日本にとってはいいかも」「ってことで私たちのグループは自然再生エネルギーで」

●授業のポイント

2012年7月に自然エネルギーの電気を電力会社が高い値段で買い取ることを義務づけた「固定価格買い取り制度」が始まっている。ただ、9割以上が太陽光発電であることにもふれたい。

●参考文献

『今解き教室』「限りある資源とエネルギー」2016年10月（朝日新聞社）

§2 V エネルギーと環境について考えるクイズ

再生可能エネルギー

〈関連して扱える教科書単元「エネルギー消費」〉

（平均的な必要時間20分）

考えるきっかけークイズ

日本の再生可能エネルギーは、大規模な水力発電を除くと国内発電量の何%か？（2015年）

約５%　　10%　　15%

〔答え〕約５%

●そこが知りたい―解説

日本の発電は、天然ガス、石炭、石油による火力発電が中心である。2011年の原発事故により原子力の割合が大きく減っている。再生可能エネルギーによる発電の割合は、わずか5.2%だが、地域によっては普及が進んでいる。また、政府は、2030年には日本における電源構成について再生可能エネルギーの割合を22〜24%にすることを目指している。

●アクティブ・ラーニング授業

【グループ討議】再生エネルギーに関する次の文章は、どこの都道府県について述べたものか？　話し合おう。

① 年間を通して、風が強く風力発電が集中している。風力でつくった電気は、東京丸の内に送られ、オフィースで使われている。

② 高い山があり河川が多く、川や用水で水車を回し発電する小水力発電がさかんである。

③ 太陽光発電の設備を取り付けた家の数が全国１位。設備を取り付けた家庭に対しては補助金が出る。県内には、全小中学校にソーラーパ

ネルを設置している。

④　温泉が多いところなので、地熱を利用した発電が行われている。1年間で約770世帯が使う電気をつくることができる。

沖縄　愛知　長野　滋賀　北海道　石川　青森　大分

（『今解き教室』「エネルギー新時代」2015年11月号（朝日新聞社）より作成）

「④は温泉だから大分だよ」「①の風が強いってのは、沖縄かな」

「沖縄は台風のときだけでは」「石川の能登半島は風が強そう」

「①は石川」「②は高い山だから長野だ」「③ってすごいね」

「ある県では全小学校が太陽光発電だって」「滋賀って感じかな」

「沖縄も太陽光発電やってる感じがする」「③は沖縄」

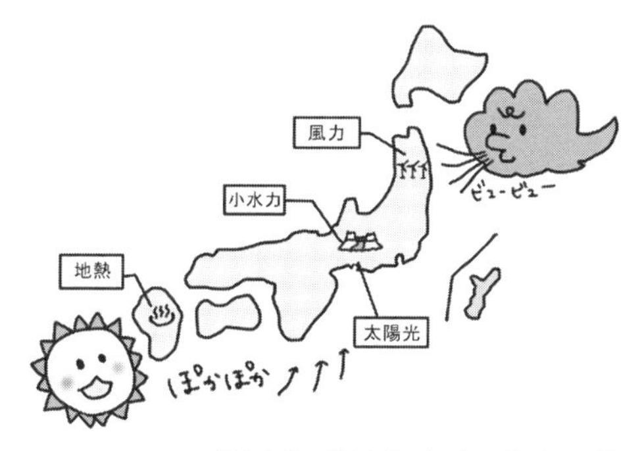

〔答え〕①風力発電・青森、②小水力発電・長野、③太陽光発電・愛知、④地熱発電・大分

●授業のポイント

それぞれの発電に適した地域についてまとめておく。

・太陽光、日照時間が長い―九州、瀬戸内、東海地方に多い

・風力、年間を通じて強い風が吹く―北海道、東北

・小水力、高い山があり河川が多い―長野、岐阜、山梨

・地熱、温泉がある―北海道、東北、九州など

§3 V　エネルギーと環境について考えるクイズ
あなたが選ぶ電力

〈関連して扱える教科書単元「エネルギー消費」〉

（平均的な必要時間20分）

考えるきっかけ―クイズ

あなたにとって電気は生活に不可欠なものである。それでは、現在、電気はどこから買うのだろうか？　次の①～③の中から選びなさい。

① 全国に10の電力会社があり、地域により供給するところが決められている。例えば、近畿地方は関西電力、沖縄をのぞく九州地方は九州電力から買う。

② 全国に10か所ある電力会社から１つを選択して買う。

③ 電力会社以外に電気を供給しているサービス会社が40数社あり、電力会社ふくめどこからでも自由に買うことができる。

〔答え〕③

●そこが知りたい―解説

2016年４月から、北海道電力から沖縄電力までの従来の10の電力会社をふくめ、新たに参入したサービス会社からも自由に電気を買うことができるようになった。各家庭は、さまざまな会社の料金やサービスの内容を見比べ自由に選ぶことができる。サービス会社は40社を超え、大阪ガス、昭和シェル、大阪いずみ市民生協、KDDI などが参入している（2016年８月現在）。

●アクティブ・ラーニング授業

【グループ討議】君たちのグループは、次のどこから電気を買うか考えなさい。

① Wガス会社―電気とガスのセットになっており、安い料金体系になっている。
② Oエネルギー会社―液化天然ガスや石油を輸入している会社なので、電力の一部を自前で確保できるので料金が安い。
③ KDDH―携帯電話やスマホを販売している会社で、携帯料金と同時に支払いできる。
④ コンビニR―電気の契約者には、全国でコンビニで使えるクーポン券が毎月もらえる。
⑤ エコ電気―太陽光や風力など再生可能エネルギーでつくった電気を供給。少々価格は高いが自然にやさしい。
⑥ みやまスマートエネルギー―自治体が電気を販売する。市がお金を出している太陽光発電所でつくった電気を中心に、家庭で余った電気も買い、足りない分は九州電力から調達する。

（会社名等は仮名）

●授業のポイント

消費者が電気を選択する主体になったことを確認することがねらいである。

「福岡県みやまスマートエネルギー」は、電気の売り上げを上げることではなく、電気の販売を通じて町づくりをすることが目的である。高齢者の電気の利用状況を把握し安否をチェックしたり、地元の店で買い物ができるサービスも実施している。

●参考文献

『朝日新聞』2016年4月1日

§4 V　エネルギーと環境について考えるクイズ

水ストレスって何？

〈関連して扱える教科書単元「経済格差と南北問題」〉

（平均的な必要時間20分）

考えるきっかけークイズ

「水ストレス」という水資源に一定の制限のある人たちは、世界70億人のうちどれくらいの人たちにあるのか？　次から選びなさい。

７億人　　10億人　　15億人

〔答え〕７億人

●そこが知りたい—解説

「水ストレス」は日本をはじめ、危機感を共有するのが難しい問題である。2025年までに、取水量は３割増え、水ストレスを受ける人は30億人を超えるといわれている。地球上で利用可能な淡水はわずか2.53％で、97.47％は海水である。淡水のうち、河川や湖沼はわずか0.1％で、氷河が1.76％、地下水が0.76％である。淡水の７割は農業に使われ、２割は工業用、そして１割が生活用水に活用されている。

●アクティブ・ラーニング授業

【グループ討議】世界で、次の①から③のことは増えるか？　減るか？　変化はないのか？

①　水の取水量（使用量）

②　水量、雨量

③　水をめぐるトラブル

① 「使用量は増えるね」

「人口は日本では減っているけど世界では増えているから」

「工業が発展すると工業用水も使う」「温暖化になると喉も乾く」(笑)

「減ることはない。答えは増える」

② 「最近、雨が多いから増えるのでは」「それは日本だけでは？」

「砂漠など雨量の少ないところは変わらないのでは」

「地球温暖化は何か影響ないかな？」「温暖化になると水蒸気が多くなり雨量が増える」「すごい！」「でも温暖化で島が沈没するって言われてるよ」

「それが何か関係しているの？」

「だって島がなくなるってことは川もなくなるってことでは」「なるほど」

「ってことで雨量は増える」

③ 「水の少ないアフリカや西アジアは最近、原油価格が下がって困っているって聞いた」

「今までは、石油で水を買っていたのが買えなくなるかもしれない」

「水をめぐる戦争かな」「水があっても安全な水を飲めない人も多い」

「これは、日本も援助できるね」「どんな？」

「水道設備の技術を教えることができる」

「そうして、いろいろ援助をすればトラブルもなくなるかな？」

「これは、何もしなければ増えるけど、国際社会が何か対策をとれば減るってことかな」

●授業のポイント

「水ストレス」という「切実性」のない（？）問題から、人口、産業社会の変化、地球温暖化、日本の援助等を考え、これからの地球的課題であることを理解させたい。

●参考文献

『今解き教室』「限りある資源とエネルギー」2016年10月号（朝日新聞社）

V　エネルギーと環境について考えるクイズ

§5　パリ協定って何？

〈関連して扱える教科書単元「地球環境と私たちの未来」〉

（平均的な必要時間30分）

考えるきっかけ―クイズ

2015年12月、フランスのパリで第21回国連気候変動枠組み条約締約国会議（COP21）で「パリ協定」が採択された。196か国と地域が一致して温暖化対策に取り組み、産業革命期からの気温の上昇を２度未満に抑える方向で努力しようという内容である。日本の中期目標は次のどれか？（2030年度目標で2013年度と比較して）

10%削減　　26%削減　　40%削減

〔答え〕26%削減

●そこが知りたい―解説

「パリ協定」は、先進国だけに温暖化ガスの排出目標を割り当てた京都議定書と異なり、世界のすべての国が歩調をそろえたところに意義がある。「今世紀後半には、人間が生む温暖化ガスの排出量と森林などが吸収できる量を均衡させる」と明記している。アメリカは、2025年までに2005年比26～28%削減、ヨーロッパは2030年までに1990年比40%削減を目標にしている。

●アクティブ・ラーニング授業―ダイヤモンドランキング

【考えよう】日本政府は、取り組むべき課題について、次のような内容をあげている。この中で最も有効な内容を１つ、まあまあな内容を２つ、あまり効果のない内容を１つ選びなさい。

＜企業＞

①　空調やボイラーなどにエネルギーをあまり使わない機器を使う。

②　緑地を敷地につくり地表面の高温化を防ぐ。

＜家庭＞

③　LED 照明や燃料電池など省エネ機器類を使う。

④　スマートメーターを使ってエネルギーを管理する。

＜運輸・交通＞

⑤　電気自動車など次世代の新車に占める割合を高める。

⑥　信号機の改善で渋滞を解消する。

＜エネルギー＞

⑦　再生エネルギーを導入。

⑧　安全性を確認できた原発の活用。

≪ダイヤモンドランキング例≫

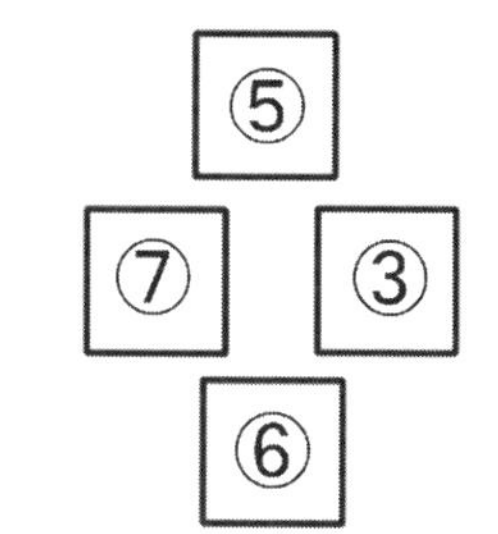

⑤　どんどん開発されているし、自動車を販売することで景気もよくなる。

⑦　石油や石炭を使わなくなり、電気なのでかなり大幅に削減が可能。

③　電気屋で、それしか販売されないようにすれば比較的簡単にできる。

⑥　渋滞を解消するくらいでは、たいした削減にはならない。

●授業のポイント

「パリ協定」では、先進国だけでなく、開発途上国も削減に努力するようになったことについてふれておきたい

●参考文献

『Q ＆ A　日本経済のニュースがわかる！2017年版』（日本経済新聞出版社）

§1 Ⅵ 人権について考えるクイズ

偏見から自由になるために

〈関連して扱える教科書単元「平等権」〉

（平均的な必要時間30分）

考えるきっかけ―問題

次の①から⑩のことで、あなたにあてはまるものに○をしなさい。

① 北枕では寝ない。

② 食べ物を箸（はし）から箸へわたさない。

③ 数字の４や９のコインロッカーは使わない。

④ ４Ｆの444号室の病室はいやである。

⑤ 結婚式は仏滅にはしない。

⑥ 血液型性格診断を信じている。

⑦ 美女コンテストは反対である。

⑧ 刑を終えた人と出会ったら、ひいてしまう。

⑨ 東大卒の人と出会ったら、ひいてしまう。

⑩ 外国語で話しかけるのがいやで外国人をさけることがある。

●そこが知りたい―解説

自分の中にある偏見や非合理的な見方に気付くことがねらいである。

①② 仏教における慣習であり、亡くなった人は北向きに寝かせる。これは、仏教を始めたシャカがヒマラヤ山脈を枕にして死んだことから由来している。

③④ 数字の「４」「９」が「死」「苦」をイメージすることから忌み嫌われるケースである。駐車場や病院では実際使用されていない。

⑤ 「仏滅」に見舞いに行かないってこともふくめ、縁起に関する考え方である。

⑥　科学的には疑わしいが、少なからず流布している性格診断である。

⑦～⑩　人権や法、社会問題に関するものである。

●アクティブ・ラーニング授業

1　二人組になり、意見が異なる項目について意見交換する。

2　いくつかのグループから、どの点で意見が異なったかを発表する。

・①②については仏教の考え方より、マナー上からの論点が多い。

・③④は意見が分かれる。部屋やロッカーはいいが、病室の444号室は避けたいというケースが多い。

・⑤は最も意見が分かれる。

仏滅に結婚式は、「あえてしない」が多い。「する」というのは「結婚式の費用が安いから」という理由。

「めでたい行事なのであえてしない」「なぜ、仏滅にしたのかと言われるのがいや」「まだまだ仏滅は縁起が悪いという人がいっぱいいる」というのがやらない理由。

この意見の中に、被差別部落への偏見や差別と通じるものがあるのではないだろうか。「自分自身は差別や偏見はないが、両親や親せきの中に差別意識があり、結婚までふみきれない」という考えである。

・⑦は、「きれいになること」を自分の個性を磨くことと考える意見と、「美」を一律化することへの批判意見に分かれる。

・⑧は○をつけるケースが多い。法的にはわかっていても、累犯の可能性は捨てきれないとの意見が多い。

・⑨⑩は自分自身のコンプレックスとの関係で議論になる。

●授業のポイント

①から④までは、“ワイワイ”“ガヤガヤ”何でも言える雰囲気をつくり、⑤以降の問題では、自分自身の偏見や差別意識についてメタ認知させたい。

§2 VI 人権について考えるクイズ

チョークをつくっている会社

〈関連して扱える教科書単元「豊かな生活と福祉社会」〉

（平均的な必要時間20分）

考えるきっかけ―クイズ

授業で使うチョークは、「日本理化学工業株式会社」でつくられている。この会社の特色は何だろう。

A　従業員の大部分が知的障がい者で、その人たちにより製造されている。

B　完全ロボット化で、製造にかかわる人間は数名である。

C　数か国のアジアを中心とする外国人により製造されている。

〔答え〕A

●そこが知りたい―解説

日本理化学工業株式会社は全従業員81人中60人の知的障がい者が働く、学校で使うチョークの製造を主とした会社である（うち27人が重度の障がい者）。会社設立は1937年だが、1960年に２人の障がい者を雇用したのがスタートである。「福祉施設で大事に面倒をみてもらうことが幸せではなく、働いて役に立つ会社こそが人間を幸せにする」という禅寺のお坊さんの教えから始まったという。

2016年４月「障害者差別解消法」が施行された。本法には、大きく２本の柱がある。１つは、「不当な差別的取扱いの禁止」であり、障がいのある人を不当に排除するような取扱いの禁止である。２つは「合理的配慮の提供」である。これは、障がい者が感じるバリアをまわりの者が除去することを意味している。

●アクティブ・ラーニング授業

【考えよう】この会社では、障がい者はどんな仕事をしているのだろう。

『チョークをつくる工程は、簡単にいえばミキサーに炭酸カルシウムに糊と水を混ぜ、それを乾燥させてつくります。それでは、製造過程で障がい者はどんな仕事をしているのだろうか？』

「チョークを入れた箱を運ぶ」「ミキサーに糊とか水を入れる」

「チョークの数を数える」「売れたお金の計算」

「乾燥ってどれくらい時間がかかるのですか？」

『電話で取材しましたが、約半日って担当者が言ってました』

「乾燥するために並べる仕事」「これは自動的にできるのでは？」

「チョークを箱に詰める」

『すべて正解ですね。取材したところ、すべての工程にかかわっているとのことです。大きくは、ミキサーを使って混ぜ合わせることと、チョークの箱詰めです』

●授業のポイント

日本は、2014年に「障害者権利条約」を批准した。障がい者の人権及び基本的自由の享有を確保し、障がい者の尊厳を促進するための条約である。しかし、大切なのは、条約の批准や法律の制定だけではなく、この会社のように障がい者の具体的な社会的貢献を実現していくことである。

●参考　日本理科学工業株式会社への取材

§3 VI 人権について考えるクイズ
共に生きる社会は？？？

〈関連して扱える教科書単元「平等権」〉

（平均的な必要時間30分）

考えるきっかけ―クイズ

Aさん19歳、B子さん40歳……………

R男さん67歳、S男さん43歳……

これって何？

『このイニシャルの名前は何か？』『年齢は？』などを問う。「未成年でないのにイニシャル？」「A～Sまでかな？」「19個のアルファベットだ」などの発言。順次、ヒントを提示する。『女性が10人、男性が９人』『ある事件の被害者』『相模原』など。

〔答え〕2016年７月に起こった相模原の障がい者施設殺傷事件で殺害された人に対して、神奈川県警が公表した名簿（？）である。

●そこが知りたい―解説

神奈川県警捜査一課は「遺族から匿名にしてほしいと強い要望があった」と説明しているが、このことをめぐり賛否が交わされた。

●アクティブ・ラーニング授業

【考えよう】この障がい者施設殺傷事件に対して、相模原神奈川県警捜査一課は「遺族から匿名にしてほしいと強い要望があった」として、氏名の公表をしなかったが、このことについてどう考えるか？

「子どもが障がい者であることを知られたくない、隠しておきたいと思っている親もいる」「それは親の都合。１人の人間として扱われていない」

「それって、親が悪いんじゃなく差別しているまわりが悪い」
『背景には、障がい者や家族への差別、偏見があるってことだね』
「でも自宅で面倒を見られず施設を利用に家族が負い目を感じているかも」
「家族の意向といっても、みんなが伏せてほしいと思っているわけではない」
「私の家族に障がい者がいて、こんな形で新聞公表されたらいや」
『遺族の中にもいろんな意見があったんだろうね。中には名前を公表してほしいという家族もあったのでは』
「まあ、いちばん悪いのはまだまだ障がい者への差別のある社会かな」
『偏見を持つ人がいるのは確かだね。もっと障がい者家族の心の負担が軽くなるような社会であれば名前も公表されていたかも』
＊『相模原事件を考える緊急ディスカッション』（NPO法人日本障がい者協議会）2016年９月28日での発言。
「殺された人たちにも目標や楽しみがあったと思います。こんな人がいたんだ、と知ってもらうために、私は今日、ここに立っています」
「いろんな障がい者がいることを伝えたい。私は生まれ変わっても障害がある自分が好き。多くの人と出会え、夢や希望があるから」
「（氏名が公表されなかったことについて）障がい者は亡くなっても差別されるのか」（『朝日新聞』2016年10月10日）

●授業のポイント

障がい者問題を、衝撃的な事件から考える教材である。本題材は、障がい者のおかれている現状や課題を、他人事ではなく自分の問題として、また、差別意識だけでなく、社会の在り方まで敷衍することができる。

●参考文献

『朝日新聞』2016年９月18日

§1 Ⅶ　地域再生について考えるクイズ

街の本屋さん

〈関連して扱える教科書単元「地域調査」〉

（平均的な必要時間30分）

考えるきっかけークイズ

全国の書店数が減っている。2000年には２万1,654店あったのが、2015年にはいくらになったのだろう。

１万3,488店　　１万5,488店　　１万7,488店

〔答え〕１万3,488店

●そこが知りたい—解説

大阪府も1,669店（2000年）から947店（2015年）に減っている。

●アクティブ・ラーニング授業

【考えよう】なぜ街の本屋さんが減ってきたのか？　そのワケを考えよう。

「地域の本屋さんで本を買ったことがある人は？」

かなり多くの生徒が手をあげる。『何を買ったの？』「マンガ」「週刊誌」「怪しい」（笑）「写真本」「誰？」「………」「雑誌」「旅行本」

『でも街の本屋さんがどんどん潰れています。なぜかな？』

「アマゾンで買うほうが便利だから」

「買うんだったら大きい本屋に行ったほうがいっぱいそろっている」

『品ぞろえの課題だね』

「本そのものを読まなくなった」

「雑誌とかは、コンビニのほうが充実している」

『街の本屋さんでこれまで最も売れていたのは何かな？』

「旅行雑誌」「家庭の医学」「週刊誌」

『雑誌が圧倒的でした。雑誌の販売数そのものは増えているのか？　それとも減っているのか？』

全員減っている。

『「出版月報」の資料によると販売数は以下のようになっています』

	月刊誌	週刊誌
2001年	20億3900万冊	12億4700万冊
2005年	18億9300万冊	9億8000万冊
2010年	14億6100万冊	7億1100万冊
2011年	13億4000万冊	6億5000万冊

『ちなみに最も販売部数が多いのは「週刊文春」で年間約65万部です。それでも部数は減っています』

【グループ討議】街に本屋さんが生き残っていける方法を考えよう。

A　これからどんどん高齢者が増えてくるので、高齢者向けの宅配便本屋

B　カフェのあるBOOK喫茶

C　特定の客をターゲットにしたマンガや週刊誌などに特化した本屋

D　休憩スペースにマッサージ器のある本屋

E　ジムの中に併設し、読書と運動の両方ができる

F　本をCD、ゲーム機などといっしょに販売する

●授業のポイント

街の本屋再生の方法についても考え、できれば行政などに発信していきたい。

●参考文献

『朝日新聞』2016年2月29日

§2 Ⅶ　地域再生について考えるクイズ

データで考える沖縄

〈関連して扱える教科書単元「南西諸島」〉

（平均的な必要時間30分）

考えるきっかけ―クイズ

【グループで考えよう】

全国47都道府県で、沖縄県が１位と47位の次の事項の（　　）に当てはまる言葉を考えよう。

【１位】

①　年間平均（　　　　　　）　②　在日（　　　　　）人

③　（　　　　　）率　④　完全（　　　　　）率　2005年

⑤　（　　　　　）店舗数

【47位】

①　（　　　　　）寺院数　②全国（　　　　　）

③　寿司、（　　　　　）外食費用　④（　　　　　）進学率

⑤　25歳以上（　　　　　）人口

〔答え〕【１位】①気温、②アメリカ、③特殊合計出生、④失業、⑤飲食店

【47位】①神社、②学力テスト、③うどん・そば、④高校（大学）、

⑤登山・ハイキング

●そこが知りたい―解説

１位と47位という極端な順位に関する事項は、沖縄の自然、気候、文化、産業、社会、歴史等を反映している。動態的に沖縄を考えることができる。

●アクティブ・ラーニング授業

【考えよう】沖縄県が１位と47位である理由を考えよう。

【１位】

①　名古屋は平均気温15.8度だが、那覇は23.1度。

②　米軍基地等の関係から1,695人の在日アメリカ人が居住している。

③　沖縄は1.90と高い。兄弟姉妹が多く、両親との同居率とも関係がある。

④　5.1％と高い。島も多く、飲食業など比較的不安定な仕事も多い。

⑤　１万人あたり21万98件と多い。基地での米兵をターゲットにした店舗が多いこともその要因である。また外食文化も発展している。

【47位】

①　日本本土とは異なる歴史と文化から、神社は人口10万人あたり0.94社。県全体で13社。

②　正答率の全国平均は61.7％であるが、沖縄県は58.1％である。

③　１年間のうどん消費量は香川県の１万2,570円を筆頭に、他府県はすべて4,000円以上であるにもかかわらず沖縄県は3,477円である。背景にはソーキソバなどを食する文化に起因している。

④　高校進学率は94.9％、大学は30.2％である。学力との関連もあるが、大学については大学の絶対数や本土との距離も関係している。

⑤　全国は、100人あたり8.97人であるが、沖縄は2.71人と少ない。
熊本、鹿児島、高知、宮崎も少ないことから気温が高い都道府県のハイキング・登山人口が少ないことがわかる。また、山や高原も少ないという地理的条件も影響している。

●授業のポイント

１位と47位のデータとその分析から、「沖縄」の特色をまとめ、プレゼンする。

キーワードは「独自の文化」「気温が高く、雪が降らない」「高い山も少ない」「米軍基地」「若者が多い」「合計特殊出生率が高い」「第二次産業が少ない」などである。

§3 Ⅶ　地域再生について考えるクイズ

沖縄の地域再生

〈関連して扱える教科書単元「南西諸島」〉

（平均的な必要時間40分）

考えるきっかけ―クイズ

① 【地方税収の伸び率】47都道府県中、何位か？

　2位　5位　10位

② 【2014年の1年の人口増加率】沖縄はどの位置に入るか？

　東京　埼玉　神奈川　愛知　千葉　福岡

③ 【観光客数の増加】1973年44万人だったのが、2015年は何人になったか？

　517万人　617万人　717万人

〔答え〕①2位、②東京と埼玉の間、③717万人

●そこが知りたい―解説

全国と比較しても、沖縄県の製造品出荷額や農業産出額が少ないにもかかわらず、地方税が増え、人口も増加し、完全失業率も5.4％と全国と比較して率は高いが、徐々に低下している。その要因の1つは産業構造である。第三次産業の割合が85.5％（全国は73.1％）と高く、第二次産業の産業空洞化や農作物の輸入自由化の影響を受けなかったことが主たる要因である。また、低賃金や若い女性人口が比較的多いことから、コールセンターなどの情報産業が集積された。観光客の増加にともなうシティホテル稼働率は81％（全国8位）であり、海外からは台湾、中国が多い。要因は、モノレールが運転されたこと、那覇空港の国際線旅客ターミナルの完備、LCCの増加、そして、各種キャンペーンが功を奏した。また、リゾートウェディング、ウェルネスツーリズム、医療ツーリズムも実施されている。

●アクティブ・ラーニング授業

【グループ討議】沖縄県の次の項目についてメリット、デメリットを考えよう。

項　　目	メリット	デメリット
きれいな海		
豊かな歴史遺産		
気温が高い		
二級河川しかない		
第三次産業中心		
米軍基地がある		
賃金が安い		
若い人が多い		
中国東南アジアに近い		
世界と結ぶ那覇空港		

○「賃金が安く」「若い人が多い」ので、コールセンターなどの情報産業の集積が行われている。

○上記のいろんな条件から国内外からの観光客数が増加している。

○日本各地の「グローバル地方創生」を支える拠点となり、国際ブランド農産品をアジアへ輸出している。

●参考文献

山崎朗他『東京飛ばしの地方創生』（時事通信社）

Ⅶ　地域再生について考えるクイズ

§4 子育てのしやすい街に

〈関連して扱える教科書単元「少子高齢化」〉

（平均的な必要時間30分）

考えるきっかけークイズ

島根県邑南町は、2015年２月現在、人口は１万1,481人である。しかし、2013年度に20人、2014年度も41人増加している。また、2010～2014年度は、20～39歳の女性人口増加が目立つ。特殊合計出生率は、ここ５年間で2.20になる。これは、子育てしやすい町づくりが功を奏したからである。どんなことをしているのだろうか？　次から３つ選びなさい。

ア　妊婦健診の無料化
イ　小中学生の修学旅行の無料化
ウ　中学生以下の子どもの医療費の無料化
エ　第２子からの保育園での保育料と給食の無料化
オ　巡回保育所（各家庭に子どもを送迎してくれる）
カ　小学生への給食費の無料化

〔答え〕アウエ

●そこが知りたい―解説

邑南町は広島駅から高速バスで約１時間40分の標高100～600mの町である。面積の85％程度が山林である。子育てがやりやすい環境整備を行い、若い女性を中心に人口が増加している。財源は「邑南町日本一子育て村推進基金」だが、移住してきた人たちへの生活自立にむけた政策も行われている。例えば「地域資源を生かした木材製品などの特産品の開発」「地産地消食材を使った観光協会直営のレストランの経営」「自然農法野菜づくり講座」などである。

●アクティブ・ラーニング授業―千葉県流山市の子育て支援

【グループ討議】流山市では、共働きファミリーの強い味方になる、保育に関するスゴイ取り組みをしている。どんな取り組みだろう？

「子どもを家まで迎えに来てくれる」「それは難しいって」「時間自由」「遅くまで預かってくれるってことかな」「その方法は共働きでも安心して仕事ができる」「スゴイことだから会社まで送りに来てくれるとか？」「お迎えが遅くなると食事を食べさせてくれる」

＊駅前に設置された「送迎保育ステーション」と市内の保育園を送迎バスで結ぶシステムである。朝、親が子どもをステーションに預けると、登園時間にあわせバスで保育園に送ってもらえる。帰りはその逆だ。親は子どもを駅まで迎えに行けばいいシステムになっており、かなり送迎時間を短縮できる。

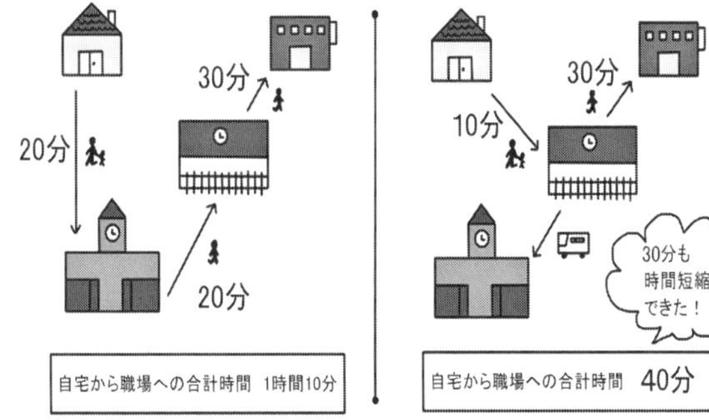

●授業のポイント

地域再生は、若者の定住と移住、そして、子育てのしやすい環境を整えることである。だが、その財源を地方交付税で確保しても地域の自立にはならない。地方の経済的自立から生活保障へとつながる施策を考えることが大切である。

●参考文献

大江正章『地域に希望あり』（岩波新書）

§5 Ⅶ　地域再生について考えるクイズ

小さな世界都市ニセコ

〈関連して扱える教科書単元「北海道」〉

（平均的な必要時間30分）

考えるきっかけ―クイズ

ニセコ町の人口は5,065人（2016年１月現在）である。そのうち、外国人居住者は何人だろう？

（ヒント―都道府県外国人居住数割合日本一の東京都は2,424人）

約500人　　約300人　　約200人

〔答え〕約200人（191人、2015年１月末現在）

●そこが知りたい―解説

北海道の人口は2015年国勢調査で538万人である。1997年をピークに減少している。リゾート都市として有名な北海道のニセコ町の人口は増えている。2000年の国勢調査では4,553人だったのが、2016年１月（住民基本台帳）には5,065人になっている。そのうち191人が外国人というのは驚きである。外国人雇用者が多い東京都なら理解できるが、この外国人居住者の数は異例ともいえる。

●アクティブ・ラーニング授業

【考えよう】ニセコ町が外国人の町となったきっかけは、1990年代にニセコを訪れたオーストラリア人が、その起源である。どうして、1990年から10年間でオーストラリアからニセコに来るようになったのか？

「季節が逆だから」

「オーストラリアが夏のときは日本は冬でスキーができる」

『これまではオーストラリア人は欧米に行っていた。欧米のマイナス面は？』

「遠い」

『時差はどう？』

「けっこうある」

『飛行機で７～８時間。日本とオーストラリアの時差は約２時間です』

『2001年９月11日の同時多発テロも大きく影響しています』

「日本はテロが少ない」

『テロを恐れたオーストラリア人スキーヤーが、テロの危険性のある欧州・米州からニセコへスキー場を切り替えたことも要因です。その後、オーストラリア実業家が、夏場におけるラフティングやカヤックを導入し、ニセコを通年型リゾート地に発展させました。最近は、オーストラリアに限らず、台湾、中国、香港、韓国からの観光客も増加している。近年は、タイ、マレーシアなどからも増えています』

●授業のポイント

ニセコ町のリゾート化が町の国際化にどう寄与しているかを考えさせたい。

「外国人住民は？」「アジア地域の人々は増えているのか？」「役場に外国人職員は？」などの疑問である。

「中国・韓国からの移住も増えている」「役場では、ニュージーランド、中国、韓国、イギリス、スイスの外国人職員が働いている」

観光を起爆剤にしながら、人口減少に歯止めをかけ、国際化にも対応している。

●参考文献

山崎朗『東京飛ばしの地方創生』（時事通信社）

§6 Ⅶ　地域再生について考えるクイズ

行列のできるカフェ

〈関連して扱える教科書単元「鳥取」〉

（平均的な必要時間30分）

考えるきっかけークイズ

【どう活性化するか】鳥取県八頭町は、鳥取駅から車で約30分の山間部にある。ここで、１棟の鶏小屋を建て、１人で養鶏場を始めたＡさん。この養鶏場を活性化する方法は？

〔答え例〕「親子丼の店」「鶏のかぶりものをつけたゆるキャラが迎えにくる」「しゃべる鶏など芸を披露」「鶏ブランド」「美味しい卵かけご飯を提供」

●アクティブ・ラーニング授業

【活性化方法】どのようにして活性化したか、次の中から６つに○をしなさい。

① 飼料は安全第一で、地元契約農家の玄米、遺伝子組み換えなしの穀物。
② 獲れたての新鮮な魚粉、かき殻などミネラルが豊富なものを使う。
③ 飼育方法は大規模化した養鶏場とは異なり、鶏舎で“平飼い”している。
④ 獲れた卵を使ったパンケーキや、シフォンケーキをカフェで提供。
⑤ 鶏を使った鶏肉料理をカフェで提供。
⑥ 卵かけごはんをカフェでランチタイムに提供。
⑦ 卵は高価だが、その卵を使ったメニューが多く価格が安い。
⑧ 山の中のカフェで、山小屋風のつくりにしている。
⑨ 地元の高齢者や主婦を雇用し、町の活力につなげている。
⑩ 観光牧場も隣で経営し、やぎや馬などを飼育しつつ１日遊べる。

⑪　カフェの隣では、卵を使ったバームクーヘンやケーキを販売。

⑫　最寄り駅から牧場に行きやすいようにシャトルバスを運行。

＊○は①②③④⑥⑪。全問正解はなし。

＊天美卵は１個100円だが、全国から注文が殺到している。１週間待ちは当たり前。最長は２か月待ちもある。整理券も発行され、２～３時間待ちもある。2015年に全国47都道府県からの来客を達成する。

【グループ討議】中国山地の山麓にある自然牧場の卵がかなり売れ、カフェに行列ができるのはなぜなのか？　その秘訣を考えよう。

・卵かけご飯を食べに行きたいと率直に思った。畜産の第六次産業という新しい形を提案している。

・今の日本は、必要なものはなんでもそろう。その中で、ちょっとした贅沢気分を味わい、大事に鶏を育てているところがいい。

・地元の若者を雇用するという発想がいい。若者の田舎離れをなくし、地域の活性化につながるし、カフェに活気が出る。

・この郷は質の良さに加え、独自ブランドをつくり、特別感を与えている。商品だけでなく、楽しみを提供したことが成功につながった。

●授業のポイント

地産地消をふまえ、鶏肉、鶏卵の生産（第一次産業）、加工（第二次産業）、販売（第三次産業）を一手に担う、畜産業の六次化に成功したことを確認する。また、発想の転換（高くても売れる、遠くても来る）による地域再生の在り方について学習する。

§1 Ⅷ 貧困と格差について考えるクイズ
キャッチコピーといす取りゲームで経済状況

〈関連して扱える教科書単元「豊かな社会と福祉社会」〉

（平均的な必要時間20分）

考えるきっかけークイズ

次のキャッチコピーは、いつごろ流行したものか？　ア～エの中から選びなさい。

①　24時間働けますか　　②　じっとガマンの
③　お口の恋人　　④　３分間待つんだぞ！
⑤　うさぎ小屋　　⑥　亭主元気で留守がいい
⑦　派遣切り

ア　高度経済成長　　イ　低成長　　ウ　バブル
エ　現在の貧困

〔答え〕①ウ②イ③ア④ア⑤イ⑥ウ⑦エ

●そこが知りたい―解説

①　1989年のリゲインのキャッチコピーで、⑥同様、バブル期の男性の働き方をもじったものである。

②　1973年のキャッチコピーで、不景気をガマンし好景気までがんばろうというメッセージをこめたものである。

③　ロッテガムのキャッチコピーである。「恋人」とは、ゲーテ作『若きヴェルテルの悩み』の中で登場する「シャルロッテ」からつけられたネーミングである。

④　チキンラーメンのことで、受験勉強や長時間労働の夜食として、高度成長を支えた人々の「戦陣食」になった。

⑤　1979年の日本の小さい家を象徴したキャッチコピーである。「省エネ」

というキャッチコピーもこの年である。

⑥　1986年のキンチョウゴンのキャッチコピー。

⑦　2008年のリーマンショック後の不景気により、非正規労働者の失業が社会問題になり、2009年に流行した言葉である。2008年には、「ネットカフェ難民」が流行語大賞になっている。

●アクティブ・ラーニング授業

“いす取りゲーム”を通して、それぞれの時代を体感する。

1　1回戦　高度成長時代

（椅子2つに◎の紙が貼ってある。全員が座れる椅子がある）

音楽が流れる。◎の位置に座った生徒（10点）それ以外（5点）。

＊5回程度くりかえす

2　2回戦　石油危機の低成長時代

（椅子を2つ撤去する）

音楽が流れる。椅子に座れなかった生徒（－5点）それ以外（2点）。

＊3回程度くりかえす

3　3回戦　バブル時代

（椅子をもとに戻す。椅子10個に◎の紙）

音楽が流れ、◎の位置に座った生徒（20点）それ以外（10点）。

＊2回程度くりかえす

4　4回戦　格差貧困時代

（椅子を5つ撤去する。椅子に貼った◎の紙も取り外す）

音楽が流れる。椅子に座れなかった生徒はゲーム終了。座った生徒は、それぞれ（1点）。椅子を2つずつ撤去し5回くりかえす。座れなかった生徒はゲーム終了。座った生徒は、それぞれ（1点）。

＊座れなかった生徒が、いわゆる失業者であり、絶対的な働く場所がないことから貧困や格差が起こることを確認する。

Ⅷ　貧困と格差について考えるクイズ

§2 「貧困女子」どの時点で何をすべきだったか

〈関連して扱える教科書単元「豊かな社会と福祉社会」〉

（平均的な必要時間30分）

考えるきっかけ―クイズ

日本では「6人に1人」が「貧困」状態（平均所得の半分以下）と言われています。それでは「2人に1人」とは何か。

〔答え〕一人親家庭の貧困

●そこが知りたい―解説

・「貧困女子」Aさんの生い立ち

Aさんは小学校までは、両親とともにごく普通の生活を送っていた。しかし、中学校1年生のときに父が他界し、母は、昼間はパート、夜はスナックで働くようになった。Aさんは、不登校になり、中学校を卒業してから、高校には行ったが、続かず中退してしまった。彼女は同じような境遇の人と19歳で結婚。彼は、アルバイトや派遣などの不安定な生活で、せっかくの給料もパチンコやゲームなど自分の楽しみに使う生活であった。子どもは一人もうけたが、夫婦は喧嘩が絶えなく、やがて離婚。

●アクティブ・ラーニング授業

1　貧困女子Aさん　何をすべきだったか？

【グループ討議】以下はその後の女性の人生である。この女性が貧困にならないようにするためには、どの時点で、本人（自助）、友人・親・兄弟（共助）、国・地方公共団体（扶助）が何をすべきだったか考えよう。

20歳―離婚、シングルマザーに　22歳―就職活動失敗派遣女子へ
24歳―スナックの仕事で副業　30歳―スナックの仕事失業
34歳―婚活にいくも失敗　35歳―派遣の仕事がなくなる
38歳―エステなどに通い自己破産　45歳―母が退職、支援先を失う

（『SPA』2014年12月30日（扶桑社）参考）

＜自助＞・母が一生懸命働いたことに感謝してちゃんと卒業すべき
・将来の見通しもないのに結婚すべきではない
＜共助＞・親がもっと援助すべき　・元旦那が助けてあげなくては
・他界したときと不登校のときにサポート　・結婚に反対すべき
＜扶助＞・シングルマザーになったときに、子育てのための支援をすべき
・シングルマザーの実態に対する認識が甘い
・母子家庭の支援を充実すべき

2　というけど……こんな現実が……？

発表に対する質問や意見を述べる。

「元旦那は援助はしない」「責任あるからしなきゃいけない」

『別れた男性からの援助があるのは何％くらいかな』

「50％」「70％」

『25％程度だそうです。別れた男性も自分の生活が精一杯』

「やっぱり親はいくら大人になったからといっても援助をしなきゃ」

「いっしょに住めばいいのでは」「親も生活が苦しいのでは」

『親との同居率はどれくらいか？』

「50％」「60％」

『同居できる率は約60％です』

●授業のポイント

自助、共助、扶助の観点から、貧困女子の問題を考え、配偶者や両親の援助も困難であることを考える。

§3 Ⅷ 貧困と格差について考えるクイズ

他人事ではない貧困

〈関連して扱える教科書単元「豊かな社会と福祉社会」〉

(平均的な必要時間30分)

考えるきっかけ―クイズ

貧困になったある男性の（①）（②）にあてはまる言葉を考えよう。

18歳―大学受験に失敗
22歳―就職活動に失敗
23歳―奨学金返済スタート
25歳―入社３年目で転職
30歳―業績不振で給料が低迷
31歳―結婚・出産
35歳―正社員としての力量に限界
36歳―派遣切り
42歳―病気・けがのリスク
43歳―（　①　）費増大
45歳―住宅ローン破綻危機
47歳―親に（　②　）が必要
50歳―子どもが大学受験
55歳―投資に失敗
60歳―退職
65歳―大病になり長期入院

〔答え〕①教育、②介護

●そこが知りたい―解説

この男性の遍歴は、誰でも貧困になる可能性があることを示している。どの時点で何をすべきだったか意見交流する。

25歳―転職について真剣に考えるべき、辛抱が足りない。

35歳―誰でも苦しい時はある。甘えてはいけない。

42歳―医療保険に加入していたか？

55歳―この年齢で賭けはだめ。

65歳―もっと若いころから食べ物や運動で健康管理すべき。

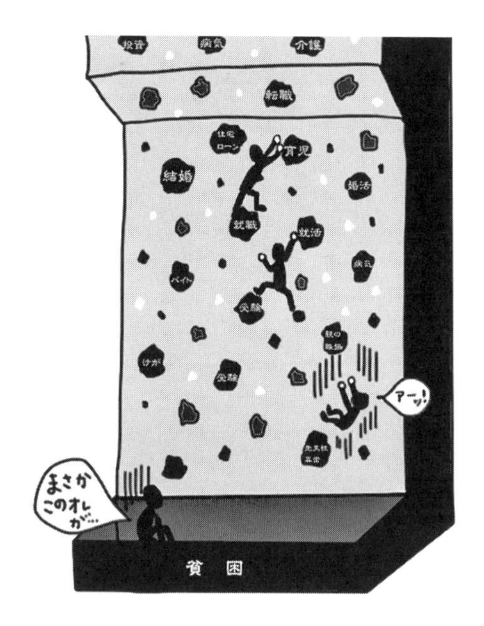

●アクティブ・ラーニング授業

【グループ討議】この男性の貧困に対して、行政が何らかの扶助を行うべきだろうか？

- 奨学金を無担保にする。
- 保険加入の制限を軽くする。
- 教育支援を充実。
- 出産祝い金の給付。
- 就職について大学がもっと支援すべき。
- 奨学金の返済を現状によって減らせる制度にする。
- 働く環境を整える。

●授業のポイント

誰もが状況によっては貧困になる可能性があることを実感させる。

Ⅷ　貧困と格差について考えるクイズ

§4 財務省見解への意見

〈関連して扱える教科書単元「社会保障の役割」〉

（平均的な必要時間30分）

考えるきっかけ―クイズ

財務省が、日本の生活保護に対して苦言を述べている。その内容の（　　）に当てはまる言葉を考えよう。

① 2012年度は、生活保護利用者が211万人を超えて史上最高です。予算は、国・地方で3兆7,000億円です。これが、日本の（　　　　）を招いています。

② 生活扶助費を減額すべきです。各国と比較しても、欧州諸国は3万円台から4万円台なのに対し、アメリカは1万6,000円くらいと低い水準になっています。日本では1人当たり6万～8万円と高い。また（　　　　）より高い地域もあり、働く意欲をなくします。

③ （　　　　）が増えています。2010年度で摘発されたのは2万5,000件でした。金額で約129億円となっています。

〔答え〕①財政危機、②最低賃金、③不正受給

●そこが知りたい―解説

2011年の生活保護受給者は、207万人でした。世帯別で最も多いのは「高齢者世帯」で約67万7,000世帯です。1年間の増加率は、現役世代を中心とする「その他世帯」（約28万5,000世帯）で12.3％増。

●アクティブ・ラーニング授業

現在の社会保障をめぐる課題を、財務省見解から考察する。まず、①から③の項目の賛否を問う。3分の2近くが賛成である。そして、批判を考えさ

せた。

【考えよう】財務省見解を批判すると、あなたは、どんな意見だろうか？

① 他の問題でも財政危機を招いている（多数）。
・貧困女子の現実から生活保護を受けないと餓死するかもしれない。
・金持ちの年金を減らせばいい。
・オリンピックで浪費が多いのではないか。
・生活ができない、ごはんを食べられない人を見捨てるのか。

教師からは「支援し続ければ、働き始めて国の経済が回り始めるかもしれない。国の収入が増える可能性がある」「縦割り行政で無駄な支出をしているのでは」の２点を付け加えた。

② 生活水準や国の違いがあるのにあわす必要はない。
・最低賃金が低すぎるのでは。
・最低賃金より高い地域は受給金額を減らせばいい。
・お金だけが勤労意欲を高めるのではない。

③ 不正受給は、そうなる前に調査すべき。
・不正受給は全体の３％しかない。全体から考えれば少ない。
・不正受給に対しては、激しい基準をつくってチェックしていれば防げる。

●授業のポイント

財務省見解から、現政府の生活保護に対する考え方を学び、それに対する批判を考えることから、生活保護の可能性をさぐる。

●参考文献

大山典宏『生活保護VS子どもの貧困』（PHP新書）

§5 Ⅷ 貧困と格差について考えるクイズ
アメリカで格差が広がるワケ

〈関連して扱える教科書単元「選挙と政党政治」〉

（平均的な必要時間30分）

考えるきっかけークイズ

アメリカでは４人家族の場合、年間所得が約２万2,314ドル（約172万円）以下の世帯を貧困層という。人口３億1,000万人のアメリカで何万人が貧困層なのか？

約3,600万人　　4,600万人　　5,600万人

〔答え〕4,600万人

●そこが知りたい—解説

アメリカでは貧困層が増えている一方で、１億円以上のお金を持つ人は1,100万人いる。人口の１％にあたるお金持ちの収入は、この30年間で４倍以上増え、格差が広がっている。

●アクティブ・ラーニング授業—【ジグソー学習】貧困層が増えたワケ

①　４人グループを９～10組つくる。

②　「グローバル化」「少子高齢化」「IT 化（ロボット化）」「小さな政府」の意味を簡単に説明する。

③　上記４つの担当を分担する。

≪ジグソー学習１≫テーマ別学習会

【テーマ別学習会】アメリカで貧困層が増えたのは、現代社会の特色である３つの要因と「小さな政府」であると言われている。「貧困」とどのような関係にあるか考えよう。

＜グローバル化グループ＞

・低賃金の外国人労働者が多くなり賃金が下がる。

・海外へ企業が移転するので働くところが少なくなる。

＜少子高齢化グループ＞

・会社はITなどを使えない高齢者に高い給料を払わない。

・少子化によって家族が高齢者への援助ができなくなった。

・高齢者が増えると、医療費や年金が増え、生活保護が不十分になる。

＜IT化グループ＞

・ロボットが仕事をするので働く場所がなくなる。

・十分な教育を受けていないとIT化に対応できない。

・高齢者や貧困層は科学技術を学ぶ機会がない。

＜小さな政府グループ＞

・医療、教育、生活保護をふくめ十分な補償がないので、社会的弱者が困る。

・生活が苦しくなっても自己責任で対処しなければならない。

≪ジグソー学習２≫なぜ貧困層が増えたのか？

【グループ討議】テーマ別学習会で学んだ内容を報告し、アメリカで貧困と格差が広がる理由をまとめよう。＜グループの話し合い＞（略）

＜発表例＞　少子高齢化により労働人口が減り、海外からの低賃金労働者が多くなりアメリカ人の働く場所が少なくなる。またロボット化により雇用が減る。高齢者をはじめとする低所得者は小さな政府のため生活保護が十分でなく医療費などでお金がかかる。

●授業のポイント

グローバル化によっても、途上国には移せない、建設現場の作業やビルの清掃、介護などの仕事は残るが、低賃金である。その結果、企画や開発担当のような高度な知識や判断をする仕事との格差が生まれることにもふれる。

§1 Ⅸ　労働について考えるクイズ

君の働き方は？

〈関連して扱える教科書単元「労働」〉

（平均的な必要時間30分）

考えるきっかけークイズ

勤続年数による給与体系を年功序列型、仕事の成果による給与体系は成果主義である。それでは次のプロスポーツの給与体系はどれか？

野球　テニス　サッカー　相撲　ゴルフ　バスケット

〔答え〕相撲のみ年功序列

●そこが知りたい—解説

相撲界は典型的な年功序列賃金である。まず、下位の四階級である序の口、序二段、三段目、幕下の力士は給与はもらえない。わずかな場所手当と各段優勝した場合の賞金のみが収入源で、基本的には所属する相撲部屋に住み込んで賄いをしている。十両以上の関取になってはじめて給与がもらえる。横綱の月給は、せいぜい月280万程度で、最年長力士と大差はない。引退した平年寄の仕事の多くは場内警備である。ジャンパー姿に髷を載せたいで立ちで花道の奥に立っている人は年収1,000万円を超えている。年功序列のなせる技であり、日本一給与の高い警備員である。

●アクティブ・ラーニング授業

【考えよう】あなたは、どちらの給与体系を選ぶだろうか？　選んだ後、グループで交流しよう。

年功序列型に60％、成果主義は40％である。

	20歳	30歳	40歳	50歳	60歳
A さん 年功序列賃金	15万円	25万円	35万円	45万円	55万円
B さん 成果主義	30万円	70万円	10万円	25万円	40万円

「若いころは親がなんとかしてくれるから少なくてもいい」

「今は親には頼れない。いちばんお金がかかる30代が多いのがいい」

「でも40代に10万円はキツイ」

「10万円はきついけど、成果主義はがんばれば給与がアップする」

「年齢が高いからってたいした仕事もしていないのに多くの給与をもらうのはおかしい」「老後が心配だから年功序列がいい」

「若いときは遊びたいのにお金がないのはいや」

●授業のポイント

相撲は興味ある事例であり楽しく学習したい。交流は、それぞれの価値観や人生観が出てきて、「深いつながり」（学び？）ができる。

●参考文献

中島隆信『これも経済学だ！』2006年（ちくま新書）

§2 Ⅸ　労働について考えるクイズ
ワークシェアリング

〈関連して扱える教科書単元「勤労の実態と課題」〉

（平均的な必要時間30分）

考えるきっかけークイズ

オランダではワークシェアリングが行われている。ワークシェアリングとは、１人当たりの賃金を上げない（もしくは下げない）代わりにできるだけ多くの人を雇用することである。また、労働時間を短くすることで賃金を安く多くの人を雇用する制度である。これにより、労働事情はどのように変化したのか？

① 人口に占める労働者の数（1982年）は、39%から2002年には何%になったか？　49%　59%　69%

② 女性の就業率（2014年）は？　70%　80%　90%

〔答え〕①49%、②90%

●そこが知りたい—解説

オランダでは1980年代から不況になり、1983年には失業率は約８%になった。雇用をどう増やすかということから1982年から実施された制度である。

●アクティブ・ラーニング授業

【グループ討議】ワークシェアリングを導入することによるメリットとデメリットを考えよう。

【メリット】

・多くの人を雇用することができる。

・多くの人が働き、収入も増えるので消費が活発になる。

・労働時間が短くなると余暇が増え楽しみも多くなる。
・労働時間が短いので子育てしながら仕事がしやすい。
・時間の余裕ができるので、飲食店や観光が盛んになる。
・保育所なしで働くことができる。

【デメリット】
・仕事の引継ぎや連携が難しい。
・賃金が少ないので消費が増えることがないのでは。
・仕事に対する意識がいい加減になる。
・パートタイムの女性が増える。
・非正規労働者が増え、不況になると失業する。
・会社の賃金負担が多くなる。

●授業のポイント

オランダのワークシェアリングを１つの労働形態として学習する。ただ、日本の文化に合致しているかは再考する必要がある。

●参考文献

『今解き教室』「現代社会を生きる私たち」2016年６月号（朝日新聞社）

Ⅸ　労働について考えるクイズ

§3　同一労働同一賃金は可能か？

〈関連して扱える教科書単元「労働問題」〉

（平均的な必要時間30分）

考えるきっかけ－問題

パネルディスカッションで、同一労働同一賃金について討論を行う。反対、賛成のパネリストを数名選出し、学習を経た上で、討論会を実施する。

●アクティブ・ラーニング授業―同一労働同一賃金は可能か？

1　基調提案

【賛成派基調】 非正規労働者が４割を占めています。また、非正規とはいえ、高い技術を持った人もいるし、仕事を任されていることもあります。生活の支えにしている人が増えており、そのせいで日本の貧困化も進んでいます。（要旨）

【反対派基調】 正社員の人が同じ賃金で納得するでしょうか？　なぜなら、正社員は、ずっとその会社で働くということだけでも、責任を負っている立場です。そのことだけでも格差があって当然で、同じようにすれば、働く人に不満が出るでしょう。（要旨）

2　論点１　職場の不満

＜賛成＞反対派は、同一賃金にすると正社員の人から不満が出ると言ったが、私たちは「同じ仕事」をしている人に「同一賃金」と主張しているのだ。逆に同じ仕事なのに、なぜ賃金が違うのかと不満が出ないだろうか。
＜反対＞いつやめてもいい人と、最後まで会社につくさなければならない人とは、仕事が同じでも、その責任性から考えても賃金差があっていい。

３　論点２　経済への影響

＜賛成＞今不景気なのは、消費が活発でないから。だから、４割を占める非正規労働者の賃金が上がると景気がよくなる。
＜反対＞賃上げをするのは会社。それにより会社のもうけは少なくなる。
＜賛成＞貧困が減り、消費が活発になれば企業ももうかるから、経済のいい循環が生まれる。
＜反対＞あえて非正規を雇わなくなり逆に失業者が増える。

４　論点３　社会への影響

＜賛成＞男女とも結婚しない人が増えているのは、賃金が安いから。また子どもを産んでも生活できるような賃金でないと、ますます少子化が進む。
＜反対＞パートで時間の保障もあるから、子育てもできるのでは。同一労働同一賃金にすると、ますます子育ての時間がなくなり少子化が進む。

５　総括討論

＜反対＞家庭の事情や趣味などのために賃金が少なくても、非正規で働きたいという人も多くおられると思う。日本人はまわりの空気を読むという人が多く、ある程度、差があるほうが気楽に働けるからいいのではないか。
＜賛成＞正社員と非正規の賃金格差は４割と言われている。それはあまりにも差がありすぎだ。また、自分で働き方を選択するという方法を導入すればいいと思う。すべて一律とは考えていない。

●授業のポイント

　フロアーからの質問や意見を聞いたが、紙面の関係で省略する。最後にフロアーに賛否を問うた。反対６割、賛成４割だった。事前に＜賛成＞＜反対＞の生徒に対する学習が大切だ。基調ではあまり本質的なことは述べず、最後のほうに重要論点を提示するよう指導した。司会は教師が行う。

§4 Ⅸ　労働について考えるクイズ

介護を理由に仕事を辞める人をなくせるか？

〈関連して扱える教科書単元「社会保障の考え方」〉

（平均的な必要時間30分）

考えるきっかけ―クイズ

2007年10月から2012年９月までの５年間で、家庭の介護や看護を理由に仕事を辞めた人は何人か？

ア　約45万4,000人　　イ　約75万4,000人

ウ　約95万4,000人

〔答え〕総務省の調査で、アの約45万4,000人

●そこが知りたい―解説

介護が必要になったとき、まずパートなどで家計を補う立場の女性が介護を担うため80％は女性である。また、兄弟の数が減り、独身も増えているので、今後は男性が仕事を辞めるケースも増える。育児・介護休業法は、介護が必要な家族１人につき93日までの介護休業や、１人につき、年５日までの介護休暇を企業に義務づけている。

●アクティブ・ラーニング授業

【考えよう】介護を理由に仕事を辞めないようにする以下の政策は実現可能か？　実現可能度を１～10で評価しよう。

①　介護をする人については、介護休暇や職場での優遇措置をはかる

②　高齢者への働く場所の提供

③　ロボットによる介護負担の軽減

①　２―優遇については、ほんとに実現できるのか不安。なぜなら、国がい

くら呼びかけても、企業が対応しなければ実現しない。しかも、介護が必要でない人にとっては休まれると不満もたまるから。

② 7—高齢者に働く場所を与えることにより、年金に上乗せした収入も入り、認知症予防にもなる。介護士の賃金アップは、その仕事をする人が増えることになり、安心して施設に預けることができる。

8—高齢者の雇用によって生きる希望が生まれたり、労働人口が増える。また、育休のように休めるようになると介護もしやすい。ただ、休暇中の給料の支払いや、休む人の給料が減ることに課題がある。

③ 5—ロボットによる介護負担の軽減を考えているが、そのロボット自体に費用がかかり負担になる。また、高齢者に仕事を提供することは、高齢者の万引きなどの犯罪防止や生きる希望を与え、経済力のアップにはなるが、若者の雇用が減るのではないかとの不安がある。

●参考文献

『今解き教室』「だれもが暮らしやすい世の中へ」2016年11月号（朝日新聞社）

§1 X 平和と国際について考えるクイズ

増える難民

〈関連して扱える教科書単元「世界的な人権保障の動き」〉

（平均的な必要時間30分）

考えるきっかけークイズ

戦争や宗教、人種の違いによる迫害、飢餓などが原因で自分の国に住めなくなり、外国に逃れる人々を難民という。

① 世界の人口、約72億人のうち何人に１人が難民か？（2015年）

102人　　122人　　142人

② 近年では、紛争が続くシリアからの難民が急増している。2015年現在で何万人か？

約100万人　　約200万人　　約300万人　　約400万人

〔答え〕①122人に１人、②約400万人

●そこが知りたい―解説

① 難民は紛争の増加で最近増加傾向にある。シリアを筆頭に、アフガニスタン、ソマリア、スーダンなどすべて紛争国である。

・パレスチナ難民―1948年中東のパレスチナ地域にユダヤ人の国イスラエルが建国され、その地域に住んでいたアラブ人が住めなくなり、難民が発生した。

・インドシナ難民―1970年代、ベトナム戦争後にベトナム、ラオス、カンボジアで社会主義政権をめぐる紛争で多くのインドシナ難民が生まれ、日本でも受け入れている。

・アフリカ難民―アフリカでは資源等をめぐり部族同士の対立が続いている。また、干ばつや砂漠化による飢餓でも難民が生まれている。など。

② 2011年シリアでアサド政権に対する反政府デモ（アラブの春）が起こ

り、政府軍と反政府軍の対立により内戦が激化し多くの難民が生まれた。

●アクティブ・ラーニング授業―日本は難民を受け入れるべきか

【考えよう】日本は難民の受け入れに慎重だ。主な先進国の2014年難民認定数は、ドイツが３万3,310人、アメリカが２万1,760人、イギリスが１万725人。これに対して、日本は2015年はわずか27人だ。

日本は難民を受け入れるべきか？　メリットとデメリットを考えよう。

【メリット】

・受け入れた人の安全を守れる。

・他文化を知ることができる。

・他国に好印象を与えることができる。

・働いてもらうと労働者不足を解消できる。

・日本の平和を他国にアピールできる。

【デメリット】

・紛争国の過激派だったら身の危険がある。

・文化が異なるのでトラブルが起こる。

・その支援のためにお金がかかり、ますます財政赤字になる。

・子どもの教育がたいへん。

・異文化ストレスで逆に苦しめるかもしれない。

・仕事の奪い合いが起こる。

●授業のポイント

デメリットとして、北朝鮮脱北者や、中国からの反体制派が難民になるケースも想定され、日本がその拠点になってしまい、国際関係上、まずくなることにふれた。

●参考文献

『今解き教室』「平和な世界を目指して」2016年８月号（朝日新聞社）

X　平和と国際について考えるクイズ

§2 難民の受け入れ

〈関連して扱える教科書単元「世界的な人権保障の動き」〉

（平均的な必要時間30分）

考えるきっかけ―クイズ

2014年の、難民認定数は、ドイツが３万3,310人、イギリスが１万725人。これに対して、2015年、日本に申請した人は7,586人だったが、認定数は何人か？

〔答え〕27人

●そこが知りたい―解説

日本は難民の受け入れに慎重である。2014年は、日本に約5,000人が申請を求めたが、認めたのは11人。政府は申請者の中に、日本への就労目的で入国しようとしているのではないかと審査を厳しくすることを検討している。

●アクティブ・ラーニング授業

<ヒント１>個人レベルの受け入れと世論

国際人権アムネスティ・インターナショナルは、世界27か国の国民を対象にした難民受け入れ（自宅や近隣地区、自国に受け入れる姿勢）に関する調査を実施した（日本は含まれていない。人数は２万7,630人）。

①　近隣32％、地元都市47％だが、自分の家に受け入れてもいいと答えた割合は？

②　自国の受け入れについては何％が受け入れるべきだと答えたか？

③　次の調査結果で１位の国はどこか？

【難民受け入れ姿勢に関する調査上位10カ国と指数】最高100

１（　　　　　　）85　　　２　ドイツ　　84

3	英国	83	4	カナダ	76
5	オーストラリア	73	9	米国	60
10	チリ	59			

〔答え〕①10%、②80%、③中国

『中国が民衆レベルでは、受け入れ姿勢が1位なのはなぜか』を考えさせたい。「中国は大らかだから」「少数民族が住んでいるから慣れている」「中国人は東南アジアなど華人として出ているから」など。

＜ヒント２＞難民支援をしている教会への取材

大阪市の玉造カトリック教会では難民の受け入れと保護を行っている。総合学習で生徒とともに数回取材をさせていただいた。HPに掲載されているアフガニスタン難民に関する講演の一部を紹介する。

「私は、アフガニスタンでは、反タリバンのイスラム統一党に入って、政治的な活動をしていました。そして、1996年に兄と共にタリバンに逮捕されてしまい、２カ月間収容所で拷問を受けました。兄は収容所内で拷問により殺されました。私はその年の12月に収容所を脱出し、歩いてパキスタンへ逃れました。アフガニスタンを出る時は家族も一緒だったのですが、途中ではぐれてしまいました。（略）タリバンが私のことを捜していて、危険が迫っていたので、そのときパキスタンから出国の許可が出た唯一の国日本へ行くことを決めました。関西国際空港から入国し、それからずっと大阪で暮らしています。最初の２カ月間は知り合いの会社の手伝いをしようとしたのですが、日本語が分からず、お金もなくなったので、東大阪でプラスチック加工の仕事をしました。（略）難民認定の申請ができたのは、大阪にある玉造教会で難民を支援している団体シナピス（日本カトリック難民移住移動者委員会）を紹介してもらったからです」

●参考文献

『岐阜新聞』2016年５月26日

§3　X　平和と国際について考えるクイズ
集団的自衛権って何？

〈関連して扱える教科書単元「平和主義と安全保障」〉

（平均的な必要時間30分）

考えるきっかけ―クイズ

「攻撃された際に米国が守る義務があるのは次の８か国のうちどこの国か」（アメリカ外交評議会2016年９月）という問いに対して、何％が日本と回答しただろうか？

28％　　38％　　48％　　58％

〔答え〕28％

●そこが知りたい―解説

正解となる４か国のうち、カナダ（47％）、韓国（34％）、日本（28％）、トルコ（14％）だった。

●アクティブ・ラーニング授業―【たとえ話】集団的自衛権

ナレーター：2015年11月19日は日本くんにとっては特別な日です。それは、家族からのいろんな制限がなくなったことです。いいことなのか？　悪いことなのか？　今もわかりません。

北朝鮮くん：アメリカくんをはじめ、学校のほとんどすべての連中が気に入らん！　アメリカやイギリス、フランスはじめ、５人だけが、学校に刃物を持ってきていいのかわからん。僕が持ってなんで悪いのか！

タイさん：このきまりを破っているイスラエルくんやパキスタンくんもいるけど、北朝鮮くん、それはダメだろう。

北朝鮮くん：だって、僕といちばん仲の悪い韓国くんとアメリカくんが、教室の前にきて、僕を挑発するから。

中国さん：ところで、日本くんは、北朝鮮くんがアメリカくん、韓国くんとけんかになったら、アメリカくんといっしょに北朝鮮くんとけんかするの？

日本くん：僕がやばい状況になり、家族の合意があれば自分を守るために反撃するよ。

タイさん：日本くんは今までは、他のクラスで自分のクラスの子がいじめられていたら、その子を助けようとしている人の護衛とか荷物を運ぶことしかできなかったよね。

日本くん：僕も武器を使って助けるようになったよ。実はこの７月にも他クラスで、昼休み食事中に、やんちゃ連中が暴れたときも助けようかと考えたこともあった。

アメリカくん：ところで、南スーダンさんが今大変なので、学校あげて助けに行ってるんだけど、生徒会役員やこころあるNPOさんなど武器を持たない人たちが、襲われたときは日本くんはどうするの？

日本くん：「駆けつけ警護」と言われているけど、これもできるよ。今、そのことの練習もしている。

中国さん：なんか話を聞いていると、日本くんの家訓である平和主義がずたずただね。

アメリカくん：僕とこは母が新しい人と再婚したので、混乱してる。親父が、他人に対してけっこう厳しくて、日本くんに対しても、自分のことは自分でしろって言ってるんだけど。

日本くん：さて……僕はどうすればいいのだろう？

●授業のポイント

日本くんはどうすればいいのか？　オープンエンドで考えさせ結論は出さない。

●参考文献

『神戸新聞』2016年９月14日夕刊
『読売新聞』2016年９月19日

§4 X　平和と国際について考えるクイズ

ノーベル平和賞

〈関連して扱える教科書単元「経済援助と貧困の解決」〉

（平均的な必要時間30分）

考えるきっかけ―クイズ

次の人物でノーベル平和賞を授与されなかったのは誰か？　１名選びなさい。

マンデラ（南アフリカ）、ガンジー（インド）、マザーテレサ（インド）、オバマ（アメリカ）、佐藤栄作（日本）、ユヌス（バングラディシュ）、マータイ（ケニア）

〔答え〕ガンジー

●そこが知りたい―解説

マンデラ（南アフリカ）1993―黒人解放運動、黒人大統領

マザーテレサ（インド）1979―インドの貧民、高齢者、病人への施策

オバマ（アメリカ）2009―核兵器廃絶

佐藤栄作（日本）1974―非核三原則と沖縄返還

ユヌス（バングラディシュ）2006―貧困をなくすための銀行

マータイ（ケニア）2004―植林による環境保護

ガンジー（インド）―非暴力によるイギリスへの抵抗（イギリスとの関係で受賞できなかったという一説がある）

●アクティブ・ラーニング授業―ノーベル平和賞壁新聞づくり

書籍、インターネット等を使い、５～６名で１グループをつくり、ノーベル平和賞受賞者の下記の内容を調べ、プレゼン大会を行った。

プレゼンは、１グループ３分以内で説明するという「屋台村」形式で、順次、自分の興味あるテーマを聞きに行くという方法で実施した。

受賞年　名前　国名　テーマ（核兵器廃絶など）何をしたか 平和に果たした役割　生い立ち　エピソード　感想とコメントなど

上記以外

キング牧師（アメリカ）、アウンサンスーチー（ミャンマー）、EU

地雷禁止国際キャンペーン（アメリカ）、金大中（韓国）

気候変動に関する政府間パネル（スイス）、赤十字社

シュバイツアー（フランス）、国際連合難民高等弁務官事務所（スイス）

ユニセフ

<生徒の作品>

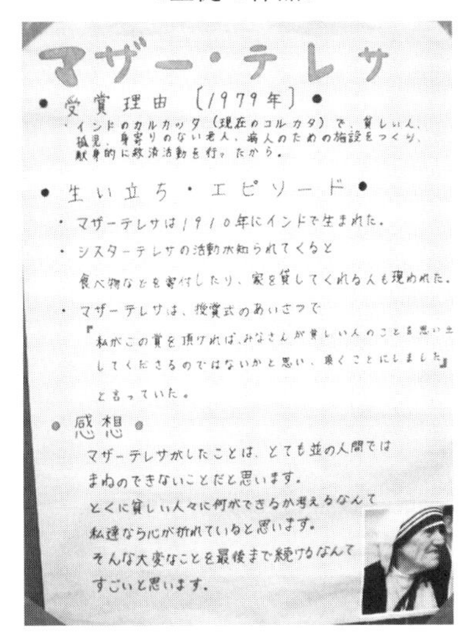

●授業のポイント

ノーベル平和賞をどの時期に、どんなジャンルで受賞したかを学習することを通じて、その時期の“平和”課題が明らかになる。例えば、キング牧師の時代はアメリカで黒人差別が行われており、マザーテレサはインドの絶対的貧困時代であり、両者ともその解決のために奮闘した。

X　平和と国際について考えるクイズ

§5 街のノーベル平和賞

〈関連して扱える教科書単元「経済援助と貧困の解決」〉

（平均的な必要時間30分）

考えるきっかけ―問題

以下の18個人・団体（略）を訪問した。午前は、グループで、東大阪や大阪のノーベル平和賞候補への取材を行い、午後は鶴橋のコリアタウンに集合する企画である。

【街のノーベル平和賞候補】
◎聖和社会館（鶴橋）　◎さらんばん（布施）　◎飯田清和（ヒロシマ被爆者）　◎玉造カトリック教会（玉造）　◎ KK グローバルライフ（吉田）　◎アジア協会アジア友の会（肥後橋）　◎東大阪国際情報プラザ（荒本）　◎東大阪日本語教室（若江岩田）
◎朝鮮高級高校ラグビー部（花園）　◎アジア図書館（東淀川）
◎西成子どもの里（西成）

●アクティブ・ラーニング授業

≪街のノーベル平和賞プレゼン大会≫

「私たちの街のノーベル平和賞の推薦文」づくりを行った。当日撮影した写真などを活用しながら活動内容、経歴、平和貢献についてまとめる。その後、プレゼン大会を実施し、街のノーベル平和賞６つを選出した。

◆西成子どもの里

「（略）子どもの里に来る子どもたちは、虐待を受けている子や、まともに食事がとれない子も多いです。また障害のある子もいます。子どもの里に入所できるのは０歳から18歳が基準です。（略）活動内容で、すごいと思ったのは野宿者との交流です。食べ物を配ったり、話しをしたりする取組みをしています。子どもに最大の利益を与える場所、それが子どもの里であると言っていました。(略)」

◆ KK グローバルライフ

「KK グローバルライフは、どんな人でも働ける国境のない会社です。差別や対立が目立つ世の中で、外国人が日本人と変わりなく働ける環境の会社です。この会社は、外国人も日本人も差別せずに仲良くしようという方針で、おもにアジア系の外国人を雇用しています。社長いわく、アジアでは紛争など起こっているため、働ける環境は十分ではなく、日本に逃げてきた人を雇用するという考えです。(略)」

≪街のノーベル平和賞授与式≫

平和賞授与者を招請し、授与式を挙行した。6団体・個人の中から4団体・個人が参加していただいた。推薦プレゼンのあと、それぞれの受賞者から、メッセージをいただいた。その一部を紹介する。

＜玉造カトリック教会＞

「日本は難民支援を十分していないから“冷たい国”だという側面もあります。しかし、日本の未来は明るいと思います。あなたたちのように若者が、何かしようとしているからです。私の夫はペルー人ですが、日本はいい国だといいます。先日5名の人からインタビューを受けました。目の真剣さ、質問のするどさに驚きました。あなたたちが、この日本の未来をつくっていってくれると確信しました。自分の人生の少しでいいです。他の人のために自分の人生を使っていってください。今日はありがとうございました。」

●授業のポイント

大阪において、平和、国際理解、人権擁護・発展に貢献している団体や個人を取材し、ノーベル平和賞を選出する活動を通じ、主体的に考え、参加・参画する力を育成することがねらいである。

§6　X　平和と国際について考えるクイズ

海外向け粉ミルクのパッケージ

〈関連して扱える教科書単元「国際連合の仕事」〉

（平均的な必要時間30分）

考えるきっかけークイズ

先生の娘が誕生したころの粉ミルクのパッケージの絵は“太った赤ちゃん”だった。今は、ちょっと痩せた“マンガ”の赤ちゃんになっている。それでは、海外輸出向けの粉ミルクのパッケージはどんな絵か？

A　太った赤ちゃんの絵　　B　日本と同じマンガの絵

C　文字だけ　　D　母親が赤ちゃんを抱いている絵

〔答え〕C

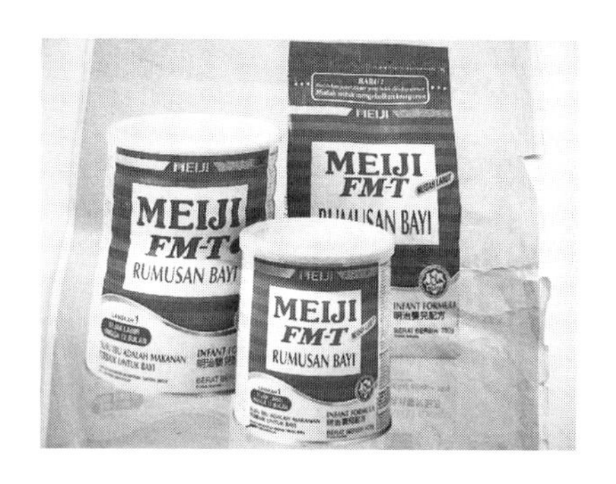

●そこが知りたい―解説

WHO（世界保健機構）の仕事として、母乳による育児の推進がある。そのためにつくられたきまりが「WHOコード」である。「WHOコード」には、10にわたる基準が明示してある。例をあげると、「母乳代用品はすべて一般に宣伝してはならない」「母親に無料のサンプルを与えてはいけない」「赤ちゃんの画像をふくめ、人工栄養を理想化するような言葉あるいは画像を使用してはならない」などである。WHOコードに加入している国々には、まるで“薬”のようなパッケージになっている。中国向けのパッケージには、「母乳は乳児にとって最も栄養が高いです。そのため母乳があたえられなかったり、母乳が足りないときだけ、この粉ミルクを使用してください」と書かれてある。

●アクティブ・ラーニング授業

世界には「ネスレ」「明治」「森永」などの乳業メーカーがある。世界の乳業メーカーが、開発途上国に進出していったのは、1960年代で、先進国の出生率の低下が始まった時期と重なる。

人工乳で育てられた赤ちゃんは、母乳で育てられた赤ちゃんに比べ、深刻な感染症や病気にかかりやすい。特に、安全な水が得られなく、病気になっても医療体制が整っていない開発途上国では深刻な問題である。

また、字が読めない若い母親が、パッケージのイメージによって、粉ミルクを購入するというケースもある。そこで、イメージ販売をなくすために文字のみのパッケージになった。

授業では、「なぜパッケージが変化したのか」を考えるためのヒントとして、＜水道の蛇口＞＜鉛筆＞＜薬＞の３つのモノを提示する。

Ⅰ　【水道の蛇口＝安全な水】エチオピア（75％）、アンゴラ（69％）、コンゴ（66％）、シエラレオネ（66％）以下50％以上の国が16か国。

Ⅱ　【鉛筆＝識字率】日本（99.9％）、アメリカ合衆国（96.3％）、ドイツ（95.3％）、フィリピン（77.8％）、インド（59.7％）、セネガル（19.8％）

Ⅲ　【薬＝医者の数（医者１人あたりの人口）】日本（565）、アメリカ合衆国（408）、ドイツ（313）、フィリピン（9,091）、インド（2,083）、セネガル（１万4,286）

●参考文献

明治乳業㈱広報課「入門WHOコード　マンガでわかる国際基準」母乳育児支援ネットワーク

X　平和と国際について考えるクイズ

§7 日本の減災

〈関連して扱える教科書単元「自然災害に対する備え」〉

（平均的な必要時間30分）

考えるきっかけークイズ

2016年８月国連大学が災害による被害軽減のための方策を提言する「世界リスク報告書」を公表している。「地震」「台風」「洪水」「干ばつ」「海面上昇」の自然災害に遭うリスクを発表した。残念ながら日本は10位以内である。日本の災害への遭いやすさは171か国中何位か？

〔答え〕４位

●そこが知りたい—解説

「災害への遭いやすさ」１位は、バヌアツで、以下トンガ、フィリピンで日本は４位である。５位が、コスタリカで、ブルネイ、モーリシャス、グアテマラ、エルサルバドル、バングラディシュ、チリ、オランダと続く。授業では、それぞれの国の位置を確認し、どうして災害が多いのか交流する。

●アクティブ・ラーニング授業

【考えよう】日本は世界４位と「災害への遭いやすさ」が高いのか？

「とにかく地震が多い」「台風もベスト５には入る」「雨が多いから洪水も」「急流だからね」「火山もよく噴火する」「津波もある」

『こうして、考えてみると日本って災害列島だね』「ないのは干ばつくらいかな」「雨が降らなくて困ることもあった」

【クイズ】災害に遭う確率に加え、被害を拡大させる政治、経済、社会構造などを加味して、災害にどの程度遭いやすいかを評価する「世界リスク指標」（WRI）は何位か。

あまり根拠もなく適当に発言している。答えは「17位」である。

【考えよう】日本は「災害への遭いやすさ」では世界４位なのに、実際に遭う指標が17位なのは、なぜだろう。

「避難訓練」（笑）『笑ってるけど重要だよ』「整然と行動できる国民」
「ボランティアをしようという人が多い」「災害に遭ったときの医療」
『公衆衛生や医療体制も世界から注目されてます』
「道路や橋も強固なものがつくられている」
『インフラが整ってるってことだね』
「これによって救援物資がスムーズに運べる」

【グループ討議】「災害への遭いやすさ」は低いが、「災害への脆弱性」では、アフリカ諸国はワースト15までに13か国が入っている。このような世界のリスクに対して日本はどんな貢献ができるか考えよう。

「災害に強い道路をつくる」「水が確保できる施設」「ヘリコプターを援助する」「ボランティアの育成」「集団生活の仕方」「災害時の医者の育成」など。

●授業のポイント

「災害国」から世界に冠たる「減災国」となった日本の要因を考え、世界に発信していくことを考える授業である。

●参考文献

『毎日新聞』2016年８月26日

XI　エシカルについて考えるクイズ

§1 チョコレートの裏側

〈関連して扱える教科書単元「アフリカ」〉

（平均的な必要時間30分）

考えるきっかけ―クイズ

① カカオ豆の輸出国第１位はコートジボアール、第２位はガーナだが、この２か国で世界全体の輸出量の何%を占めているか？

60%　　70%　　80%

② 日本のカカオ豆輸入量の中で、ガーナが占める割合は？

60%　　70%　　80%

③ 世界のチョコレート消費で、日本は何位か？

２位　　５位　　10位

④ チョコレート価格のうち、カカオ豆生産者が手に入れる収入は？

10%　　５%　　0.5%

〔答え〕①60％、②80％、③５位、④0.5％

●そこが知りたい―解説

① チョコレートの原料になるカカオは、寒さと乾燥には弱く、気温が高く（最低気温16℃以上）適度な湿度（年間降水量1,000ミリ以下）の赤道を挟んだ南北緯度20度以内で栽培される。

② 日本のカカオ豆はほとんどがガーナ産であるが、チョコレートとしてガーナから輸入されるのは、日本の輸入量のうち、わずか0.005％、総量にして10トンにすぎない。

③ ドイツ、ブラジル、イギリス、フランスについで第５位。１人あたりでは、ドイツ、スイス、イギリス、ノルウェー、オーストリアの順で、日本は20位。

④　カカオは国の管理のもとで輸出する。国が農家からカカオを買い上げる際の価格は、政府が統一して決めている。中間業者が、農家を買いたたくことはできない仕組みだが、生産や加工にかかる労力に対して、適正な価格がつけられているとはいえない。また、国内消費は極めて少なく、チョコレート製造業が育たない。

●アクティブ・ラーニング授業

【お話し】「日本から男女4名がガーナに行きました。A君は大のサッカー好きでサッカーボール持参の参加です。4人はガーナの子どもたちといっしょに朝早くから、カカオ豆の採集です。子どもたちは学校に行くまえに、カカオ農園で仕事をしています。また朝から数キロある水場に行き水運びです。そして学校。学校は午前中に終了し、広場で楽しみの1つであるサッカーをします。ボールがないので靴下に砂を入れボールがわりにしています。4人は1週間の滞在中、子どもたちといっしょに働き、サッカーで遊び、食事もともにしました。そこで最も驚いた現実は、彼らは、チョコレートを食べたことがないということでした。(テレビ「あいのり」より筆者作成)」

【考えよう】この4人は、日本に帰宅する前に、子どもたちに3つのものをプレゼントした。さて、何だろう。

「水」「サッカーボール」「靴下」「参考書」「ノート」「ランドセル」「洋服」「ベルト」など。それぞれ理由を聞く。

答えは、「チョコレート」自分たちの栽培しているものが世界の人たちを喜ばせていることを感じてほしい。

「サッカーボール」靴下ではなくボールで遊ぶ喜びをもっと感じてほしい。

「ノート」しっかり勉強してガーナの経済発展のためにがんばってほしい。

●授業のポイント

多様な意見を交流することで、援助の在り方を考えさせたい。

§2 Ⅺ エシカルについて考えるクイズ

君もできるエシカル

〈関連して扱える教科書単元「アフリカ」〉

（平均的な必要時間20分）

考えるきっかけ―クイズ

【君は何ができるか】君ができることに○をしなさい。

① チョコレートを買うとき、フェアトレード商品があれば購入する。

② バレンタインデーのチョコレートを購入するとき、寄付として積み立てられ、カカオ生産地の子どもたちの教育や生活改善に役立つチョコレートを買う。

③ チョコレートを買うとき、あえてフェアトレード商品や、寄付をしている企業のチョコレートを購入する。

④ 東北の陸前高田市の福祉作業所で包装されているチョコレートを買う。

⑤ 友達にチョコレートを買いに行ったときに、チョコレートの裏話をする。

⑥ 学校の文化祭で地域の人たちにフェアトレードのチョコレートを販売。

⑦ 「児童労働のないチョコレート」を世界に広めようと奮闘しているNPO にお金をカンパする。

⑧ 安ければいいということだけで生産国からカカオを購入している会社のチョコレートは絶対買わない。

⑨ ガーナでは、カカオ生産は多いが、中間所得層が少なく、チョコレート生産が皆無である。ガーナの所得向上のために将来はがんばりたい。

●アクティブ・ラーニング授業

【意見交換】君ができることを、グループで交流しよう。

「チョコレートを買うとき、ちょっと高いけどフェアトレード商品があれば購入する」

「チョコを買う機会も多いし、裏面を見るというちょっとしたことでフェアトレード商品とわかるから」

「少し値段が高くても、カカオの生産国や児童労働のことを考えると買おうと思う」

「東北の福祉作業所で包装されているチョコレートを買う」

「ガーナだけでなく、東日本大震災で苦しんでいる人たちへの支援も十分ではないから」

「友達にチョコレートを買いに行ったときに裏話をするのは大切だ」

「エシカルは１人では意味がなく、その輪を広げなくてはいけないから」

「友達にも原料生産国の子どもの様子や企業の取り組みを知ってほしい」

「学校の文化祭で地域の人たちにフェアトレードのチョコレートを販売するのもいい」

「バレンタインデーで購入するとき、カカオ生産地の教育や生活改善に役立つチョコレートを買うのもいいかな」

「好きな人に喜んでもらえ、またガーナの人にも喜んでもらえるので、一石二鳥な感じがしたから」

●授業のポイント

チョコレートも人も小粒で小さいが、世界のみんなをハッピーにする力をもっている。そんな小さな力の結集が未来をつくることを確認したい。

●参考文献

白木朋子『子どもたちにしあわせを運ぶチョコレート』（合同出版）

§3 XI エシカルについて考えるクイズ

洋服の裏側

〈関連して扱える教科書単元「バングラディシュ」〉

（平均的な必要時間30分）

考えるきっかけ―クイズ

バングラディシュってどんな国だろうか？

① 国土面積は次のどれか？

北海道くらい　北海道の約２倍　北海道の約３倍

② 人口は？　日本より少ない　同じくらい　多い

③ 宗教は？　仏教　キリスト教　イスラム教

④ 1950年の統計によると、ジュート（穀物を入れる袋など）が最も多かった。輸出総額の何%を占めていたか？

約70%　80%　90%

⑤ 衣料関係が総輸出額に占める割合は？

約70%　80%　90%

〔答え〕①北海道の約２倍、②日本と同じくらい、③イスラム教徒が90%、④90%、⑤80%

●そこが知りたい―解説

日本の約５分の２の面積で、１億4,240万人。輸出総額の93%をジュートが占めており、モノカルチャーの典型。衣料関係の輸出額は210億5,000万ドルで、中国についで世界第２位の衣料品輸出国。

●アクティブ・ラーニング授業

【考えよう】なぜバングラディシュが世界第２位の衣料品輸出国なのか？

「賃金が安いからでは」『ダッカの月額賃金はいくらかな？』

「ワーカーの月額労働コスト（2012年）」のグラフを示す。

「月額6,240円」「日本は30万円だ」『他は？』

「材料がいっぱいあるから」『材料って』「綿花」「インドでは？」

『バングラディシュはもとはインドだったのが、東西パキスタンに分かれ、東がバングラディシュになったからね』「綿花？」『ここにタグがあるが、材料に木綿は使われていないね。でも君のまちがいでバングラディシュの歴史がわかったね』（笑）

「目のいい若者が多い」『老眼では縫製は無理ってことだね』（笑）

「若い人が多く、たくさんの労働力がある」

『人口のおよそ半分が25歳以下の若者です』「女性が多い」

『縫製工場で働く女性が多いのはなぜかな？』

「女性のほうが細かい作業に適している」「仕事が丁寧」

『家庭でも縫う機会が多く、働く年頃には一通りの技術が身についている。縫製工場で働く人は400万人といわれ、そのうち８割が女性で、その大半が10代から20代です』「子どもを働かせている」「児童労働だ」

『バングラディシュでは12歳以下の児童の就労は禁止されています』「でも黙って雇っているところもあるのでは？」

『いいところに気が付きましたね。1990年前半にある縫製工場で14歳以下の児童の就労が明るみになりました。アメリカを中心に不買運動が起こり、1992年には、児童労働によってつくられた製品をすべて輸入禁止する法案がつくられました』

●授業のポイント

バングラディシュで衣料生産が多い理由を多面的・多角的に分析することが重要である。

§4 Ⅺ エシカルについて考えるクイズ
君ができるエシカルファション

〈関連して扱える教科書単元「バングラディシュ」〉

（平均的な必要時間30分）

考えるきっかけークイズ

日本の繊維の１年あたりの総消費量は、約206万トンである。このうち廃棄されるのは何万トンか？

154万トン　174万トン　194万トン

〔答え〕194万トン

●そこが知りたい—解説

194万トンのうち、126万トンが家庭から出される衣料品とされている。このうち、中古衣料品としてリユースされるのは全体の18％である。

●アクティブ・ラーニング授業—ダッカのビル崩壊事故の写真から

2013年４月４日午前８時45分、首都ダッカで、５つの縫製工場が入る８階建てのビルが突然崩壊し、死者数は1,137人にのぼった。ビルは大きな亀裂が入っており、警察は操業中止を勧告していた。しかし、操業は強行され、経営者は、入ることを拒否する工員に、「仕事に戻らなければ４月の給料を支払わない」と脅かしたと言われている。

【考えよう】なぜ、こんな惨事になってしまったのだろう。

「建物が古かったのでは？」「建て替えなきゃ」「建て替えるとお金がかかり安い衣料品がつくれない」「多くの人が働き、重くなった」『もともとこのビルは商業用の建物で、工場設備の重さには耐えられる構造ではありませんでした。なのに、１つの階には、500人以上の工員が仕事をしていました』

【考えよう】「洋服」の裏側には、「安い賃金で働く女性」「児童労働」「安易に廃棄する衣料品」など、いろんな課題があることがわかった。この現状を改善するため、できることをダイヤモンドランキングしよう。

①　安い衣服は購入しない。
②　洋服のタグをみてどこの国でつくられたものかを確認する。
③　洋服がつくられた国について調べてみる。
④　友達と衣料品を買いにいったおりに話をする。
⑤　縫製工場で働く人たちの生活を保障するための費用を価格に上乗せするようGAPやユニクロに要望する。
⑥　上記⑤のことを政府や国際機関にNPOなどを通じて要望する。
⑦　安易に廃棄することのないようにリサイクル品を時には購入し着てみる。
⑧　まだ着ることができる衣料品はリサイクルショップなどに持っていく。
⑨　天然素材、環境にやさしい繊維などの使った衣料品をできるだけ購入。

最も賛成意見が多かったのは⑧で「リユース率を上げることが大切。ユニクロの店頭で行われている回収運動がいい」という理由。ついで③⑦②⑥で「国の様子を知ることで購入するときに何か影響してくる」「国際機関だと効果があると思うから」などの理由。「する必要がない」というのは①で「購入しないと働いている人の生活ができなくなる」という理由。

上記以外に「フェアトレードについてもっと興味をもつ」「CMなどでユニクロなどの衣料メーカーが、問題を消費者に伝える」などの意見もあった。

●授業のポイント

“ちょっと”した身の回りからも、人・社会・地球の今と未来のしあわせのために行動することができることを伝えたい。

●参考文献

長田華子『990円のジーンズがつくられるのはなぜ？』（合同出版）

§5 XI エシカルについて考えるクイズ
都市鉱山の実力

〈関連して扱える教科書単元「エネルギー消費」〉

（平均的な必要時間20分）

考えるきっかけークイズ

携帯電話やスマホには、20種類以上の希少金属を使ったパーツがある。わずか数ミリで軽い金属を「レアメタル」（希少金属）という。次の機能をつかさどるレアメタルは何か？

① 携帯電話全体を振動させる
② 硬くて壊れにくく軽い
③ 錆びにくくて電気を通しやすい
④ 電子部品を接着する
⑤ 長時間使える電池をつくる

ニッケル　タングステン　コバルト　スズ　金

〔答え〕①タングステン、②ニッケル、③金、④スズ、⑤コバルト

●そこが知りたい—解説

日本では4,000万台近くの携帯やスマホが使用されている。軽量で複雑な機能を持つ携帯やスマホを制作するためには、クイズで例示したような希少金属が不可欠だ。希少金属は、南アフリカ共和国やコンゴ共和国などアフリカで多く産出する。日本でも、携帯やスマホの廃棄場所には、多くのレアメタルが埋もれており“都市鉱山”と言われている。コンゴ共和国は、世界でも有数のタンタルやタングステン、そしてコバルトの産地として知られている。

●アクティブ・ラーニング授業

【考えよう】金（16%）、銀（22%）、銅（8.1%）、アンチモン（19%）、インジウム（16%）、レアアース（0.35%）この数字は何か考えよう。

「どこかの国の世界の生産量に対する割合」『どこの国かな？』

「金だからアフリカ」「南アフリカ共和国かな」『かなり違います』（笑）

「アメリカ」「ソ連」「中国」「日本」（笑）

『正解！　日本です』（へっ！の声）

『この数字は世界の天然埋蔵量に対する日本の割合を表した数字です』

「日本で金銀なんてあるのかな？」「江戸時代には佐渡や岩見にあった」

『これは現在の数字です』「……………」

『ヒントはこれです』と言い、スマホを提示する。

「携帯やスマホの中の金属かな？」

『そうです。日本で廃棄される家電を資源と見立てた呼び名で“都市鉱山”と言われます。この数字は、世界の天然埋蔵量に対する日本の都市鉱山の割合を示した数字です』「へっ！　すごい割合だ」

『日本では、都市鉱山からの資源回収を進めるため2013年４月に“小型家電リサイクル法”が施行されました』

●授業のポイント

「廃家電金属でメダル政策」という記事が掲載された（『読売新聞』2016年11月10日）。東京オリンピック・パラリンピックで、小型家電に含まれる金属を再利用する。大会後もリサイクルの習慣が定着することを目指している。こんなエピソードも授業で紹介したい。

●参考文献

『今解き教室』2016年10月号（朝日新聞社）

§6 Ⅺ エシカルについて考えるクイズ

紛争鉱物

〈関連して扱える教科書単元「現代における紛争」〉

(平均的な必要時間30分)

考えるきっかけ―クイズ

携帯電話やスマホには、20種類以上の希少金属を使ったパーツがある。その中で、紛争が続くコンゴ民主共和国やその周辺国で採掘され、流通するタンタル、タングステン、スズ、金の4種類は、一部武装勢力の資金源になっているとされている。タンタルは、国内では1キロあたり35ドル（約3,500円）だが、東南アジアに持っていけば、日本円にしてどれくらいになるのか？

1万5,000円　　2万5,000円　　3万5,000円

〔答え〕3万5,000円

●そこが知りたい―解説

コンゴ民主共和国東部では、武装勢力が乱立し、20年以上も紛争が続いている。原因とされるのが、武装勢力の資金源になっているタンタルなどの紛争資源である。

●アクティブ・ラーニング授業

【知る】事前に新聞記事など、参考資料によって自習する。

≪一例≫地下約20メートルの坑道で、男たちがノミとハンマーを使い、タンタルを含む鉱石を掘り集めていた。ヘルメットなどの防具はなく、10代前半の少年たちの姿も。周囲の村から常時、約400人が働きに来ている。14歳の少年は「学校に行きたいが、お金がないので働いている」と話す。タンタルはスマホなどの電子機器に不可欠だが、コンゴ東部で

は武装勢力が採掘などに関与しているとされ世界的に規制の動きが広がる。
（「朝日新聞」2016年8月24日）

【どう話すかな？】お父さん（教師が役割演技）が、スマホを使ってゲームをしている。お父さんに、コンゴをはじめとする紛争鉱物のことを理解してもらおう！

「お父さん！　スマホに希少金属が使われているのを知ってるかな？」『希少？　貴重じゃないのか？』「レアメタルというタングステン、タンタル、コバルト、スズ、金などだよ」『それはどんな役割をしてるのかな？』「携帯電話全体を振動させるとか、電子部品を接着する等の金属があるよ」「どんな人が生産しているか知ってるかな？」『コンゴなどの労働者で安い賃金で働いているのでは』「子どもも採掘現場では働いているっていわれている」『へっ！　そうなんだ。学校にも行けないね』「でも一番の問題は、武装勢力の資金になってることだ」『それはいけない。みんなで批判しなきゃ！　このような資源がらみの武力紛争はどれくらいあるのかな』「なかなかいい質問です（笑）。約50件の戦争や武力紛争の約4分の1は天然資源の奪い合いが背景にある。1990年代には、これらの紛争で500万人以上が亡くなってる」「お父さん、古くなった携帯はどうしたの？」『大事に家に置いている。見られたくない写真もあるし（笑）』「2013年4月に“小型家電リサイクル法”が施行され、回収するようになっている」「携帯会社に行けば回収箱があるから」『なるほど！　紛争鉱物には要注意！　そして希少金属は大切に！だね』

●授業のポイント

「父親（教師）に教える」という手法である。事前資料をきっちり読み込んでおかないと質問もできない。また父親の突っ込みへの対応も難しい。

●参考文献　『朝日新聞』2016年8月24日

<著　者>
河原和之（かわはら　かずゆき）

1952年　京都府木津町（現木津川市）生まれ。
関西学院大学社会学部卒。東大阪市の中学校に30数年勤務。
東大阪市教育センター指導主事を経て、東大阪市縄手中学校退職。
現在　立命館大学、近畿大学、四天王寺大学他　非常勤講師。
授業のネタ研究会常任理事、経済教育学会理事。
NHK わくわく授業「コンビニから社会をみる」（2003）出演。
【著書】
『よくわかる貿易』（PHP 研究所）2016
『中学校社会科授業成功の極意 』（明治図書）2014
『「本音」でつながる学級づくり 集団づくりの鉄則』（明治図書）2014
○『大人もハマる地理』（すばる舎）2013
○『100万人が受けたい「中学公民」ウソ・ホント？授業』
○『100万人が受けたい「中学地理」ウソ・ホント？授業』
○『100万人が受けたい「中学歴史」ウソ・ホント？授業』　以上（明治図書）2012
○『15歳からの経済入門』［共著］（日経ビジネス人文庫）］2012
○『活用・探究力を鍛える「歴史人物42人＋α」穴埋めエピソードワーク』［共著］（明治図書）2009
○『歴史リテラシーから考える近現代史 面白ネタ＆「ウソッ」「ホント」授業』（明治図書）2007
他多数

<イラストレーター>
山本 松澤友里

1982年大阪府生まれ。
広島大学教育学部卒。東大阪市の中学校に５年勤務。
『ダジャレで楽しむタイ語絵本』（TJ ブリッジタイ語教室）企画・編集・イラストを担当。
クリエイター名 YAMAYURI として、LINE スタンプクリエイターとしても活動中。

クイズ主権者教育
—ウッソー？ホント！楽しい教材71

2017年４月１日　初版発行

著　者　　河原和之
発行者　　小島直人
発行所　　株式会社 学芸みらい社
〒162-0833 東京都新宿区箪笥町31 箪笥町 SK ビル
電話番号 03-5227-1266
http://www.gakugeimirai.jp/
e-mail : info@gakugeimirai.jp
印刷所・製本所　藤原印刷株式会社
本文イラスト　山本 松澤友里
装丁デザイン　小沼孝至

落丁・乱丁本は弊社宛てにお送りください。送料弊社負担でお取り替えいたします。

ISBN978-4-908637-38-4 C3037